…化·中学生读本

黄荣华 主编

立于礼

——『三礼』

选读

司保峰 编选

上海教育出版社

图书在版编目（CIP）数据

立于礼："三礼"选读 / 黄荣华主编. — 上海:上海教育出版
社, 2017.6（2020.1重印）
ISBN 978-7-5444-7539-6

Ⅰ.①立… Ⅱ.①黄… Ⅲ.①礼仪—中国—古代—青少年
读物 Ⅳ.①K892.9-49

中国版本图书馆CIP数据核字(2017)第126787号

责任编辑　顾　翊
封面设计　陆　弦

立于礼
——"三礼"选读
黄荣华　主编

出版发行　上海教育出版社有限公司
官　　网　www.seph.com.cn
地　　址　上海市永福路123号
邮　　编　200031
印　　刷　合肥广源印务有限公司
开　　本　640×960　1/16　印张 12.5
版　　次　2017年7月第1版
印　　次　2020年1月第3次印刷
书　　号　ISBN 978-7-5444-7539-6/G·6204
定　　价　32.60 元

如发现质量问题，读者可向本社调换　电话：021-64377165

人之需（代总序）

一直想给中学生朋友编一套中华传统文化方面的读本。

作为中学语文教师，我们有自己的理由——

中华古代文化浩如烟海，书市上古代文化方面的图书也不计其数，但专门面向现代中学生的普通读本却很难找到，更不要说那种切合中学生阅读心理、精心选材、精心作注、精心释义的系列丛书了。

而从一名中学语文教师的角度看，当今中国语文教育最缺失的一块又恰恰是对中华传统文化的敬重、理解与传承。

众所周知，教育本来是指向学生的全面发展的，但因为"高考列车"越跑越快所产生的巨大无比的力量，语文已沦落为应试的工具。

在这样的教育中，对文化的漠视已成为语文教育的一个并不为多数人清醒意识到的"传统"；丢弃传统文化，甚至鄙薄传统文化，也已成为语文教育的一个并不为多数人清醒意识到的"传统"。

在这样的教育中，现代语文教育的本质意义——作为培育"民族文化之根"的意义，作为培育"效忠于""皈依于"中华民族的现代公民的意义，已基本丧失。

　　而中华民族在现代前行的艰难身影又告诉我们：我们的教育，我们的语文教育，必须敬重、理解、传承中华传统文化。

　　中华传统文化作为中华文明的载体，其两大支柱是儒与道。而作为现世人生精神支柱的文化，又主要是儒家文化。儒家文化又以孔子为核心，孔子文化的核心是"仁"——"仁者""爱人"。何为"爱人"？孔子"一以贯之"的是"忠""恕"二字——"己所不欲，勿施于人"，"己欲立而立人，己欲达而达人"。用现在的话说就是：自己不想要的不强加给别人，自己想要的也要让别人拥有。这样，人与人就会友爱，社会就会和谐，人类就会幸福。而支撑这一社会理想的核心思想是：人与人的平等性。

　　从近一个半世纪的中国近现代历史进程看，由于受列强的侵略，我们民族怀疑甚至痛恨过我们的传统文化，认为那是我们落后挨打之源。所以，我们曾经把传统文化作为落水狗一般痛打。但从我们逐步摆脱"挨打""挨饿"之后"挨骂"的现实看，我们现在最缺失的就是传统文化中的"忠""恕"二字。不"忠"就不"诚"，不"诚"就无"信"；不"恕"就不"容"，不"容"就无"爱"。当今社会的许多问题之源，正在于无"信"无"爱"。

　　要化解民族前行过程中出现的种种问题与矛盾，当然要从政治、经济、科学、军事、艺术、伦理、道德等各个方面去思考，但在教育过程中，在生活的各个方面，敬重、理解、传承我们传统文化的精髓，应当成为我们思考的重要内容。当我们通过教育，通过生活的方方面面形成的教化体系，能将我们传统文化的精髓与现代民族意识融为一体，内化为崭新的民族精神，并使其上升为民族得以昂然立身的中华现代文明，那我们民族就真正完成了由古代到现代的转型，我们的国家就能成为一个崭新的现代民族国家，我们的人民就会成为"具有中国心的现代文明人"（当代著名教育家于漪老师语）。

有了这样的愿望，就总希望能为实现这样的愿望尽微薄之力，所以我们带着对中华传统文化的敬意，乐意尽自己最大的力量为中学生朋友推介中华传统文化。

同时，作为语文教师，我们还感到，要真正理解语言、掌握语言，就必须理解文化，特别要理解传统文化。

语言学研究表明：语言的理解与运用，归根结底是与某个社会群体的认知方式、道德规范、文化传承、价值标准、风俗习惯、审美情趣等特定的文化因素相关联的；语言运用要得体，既要遵循语法规则，更要遵循文化规则。由于汉语的组织特点是"文便是道""以意役法"，即意义控制形式，"意在笔（言）先"，所以文化规则在汉语的组织运用中更有着突出的意义。又由于汉语是由汉字联属而成，而汉字是世界上最古老的文字之一，更是世界几千年间唯一没有中断其历史的文字；每个走过几千年的汉字都有着深厚的文化沉淀，可谓一个汉字就是一个广博精深的文化单元，就是一个意趣醇厚的审美单元（鲁迅先生曾在《汉文学史纲要·自文字至文章》中指出，汉字有"三美"："意美以感心"，"音美以感耳"，"形美以感目"）。因此，要让孩子们准确地把握经典文本表达的意义，恰当地表述自己的观点，得体而有效地与人交际，就要引导他们了解、掌握语言背后蕴含的丰富的文化信息。

现在只有无知者才不会承认，中华文明体是一个坚实、深刻、厚重、博大的文化体系。这个文化体系已将自己的精神文化贯彻到了人们可见、可知甚至可感的世界的每一个角落，渗透在人们的气血经脉、意识与潜意识之中，正所谓

"致广大而尽精微"(《中庸》)。在这个"致广大而尽精微"的文化体系中,天、地、人的分工和边界及其协调与平衡,都有着清晰、真切、生动的表达;在这个体系中,中华民族已建立起了自己独一无二的生活方式——在天与地之间,堂堂正正地做人,做一个大写的人。由此,中华民族也就有着有别于其他一切民族的独特文化——天地之间的人文化,而不是天界中的神文化,不是地界中的鬼文化。尽管我们的文化中不可避免地会涉及神鬼,但总体而言它是"敬鬼神而远之"的。由此,我们也就会真正明白,为什么诸子百家中的任何一家最终都将自己的精神内核指向了人,为什么我们几千年的文化主体选择了"儒"——人之需!如果不了解、不理解这样的文化,就不能真正读懂我们的文化原典,就不能真正听懂古今经典之作的汉语述说,就很难得体地用好已走过了几千年的民族语言。

基于上述两大理由,我们编著了这套《中华根文化·中学生读本》。

"根文化"就是"文化之根"。它表明这套读本关注的是中华文化最根本的部分。这又有两层意思:一是读本的内容选择上,关注代表根文化的内容;二是在注解、翻译、释义上,关注所选内容最本原的意义,基本不做现代阐释。

作为"中学生读本",我们尽可能使其适合中学生的文化心理。每个选本均按主题组织若干单元,并写有单元导语;用浅近的白话注解、今译、释义,力求简洁明了。

《中华根文化·中学生读本》第一辑15种,主要选编先秦时期的经典,包括《兴于诗——〈诗经〉选读》《立于礼——"三礼"选读》《成于乐——〈乐记〉〈声无哀乐论〉选读》《仁者之言——〈论语〉选读》《义者之言——〈孟子〉选读》《君子之言——〈荀子〉选读》《智者之言——〈老子〉选读》《达者之言——〈庄子〉选读》《爱者之言——〈墨子〉选读》《法者之言——〈韩非子〉选读》《忠者之言——〈楚辞〉选读》《谋者之言——〈孙子〉选读》《春秋大义——〈春秋〉三传选读》《诸侯美政——〈国语〉选读》《战国争雄——〈战国策〉选读》。

黄荣华

前 言

  中国自古以来就被称为"礼仪之邦",十分重视礼乐文化。礼也成为我国传统文化的重要组成部分,礼文化深烙在中华民族的品性之中,虽经沿革、嬗变,礼之精神却终难割舍。其实,早在上古时代,礼仪活动就已成为先民生活中的重要内容之一。春秋战国之时,礼典名目繁多,蔚为大成。孔子曾说:"不学诗无以言,不学礼无以立。"他认为,人若不知礼节就难以自立于世。礼之于人,可谓重要。

  关于礼的起源,可谓众说纷纭。目前,一些专家根据文献学、文字学、考古学方面证据认为,礼的产生和发展与宗教祭祀关系密切。许慎的《说文解字》"示部"曰:"礼,履也。所以事神致福也,从示从豊("丰"的繁体字——作者注)。"又曰:"示,神事也";"豊,行礼之器,从豆象形。"由此可知,礼是一种敬祀神灵从而获得神灵福佑的祭神活动。先民借其来实现人、神之间的沟通,而随祭祀仪式所伴生的冠、昏、丧、射等礼仪习俗,则被用来维系、调节人与人之间的交往活动。

  国家产生后,祭祀礼俗产生分化,其中一部分化为"俗",成为普通民众的日常生活习惯;另一部分则化为"礼",被引进政治领域,经过加工改造后逐渐成为礼制,讲求贵贱、尊卑、长幼、亲疏有别,具有了鲜明的阶级性和等级性。礼制要求当时人们的生活方式和行为举止符合其身份、地位，用以维系建立在等级制度和亲属关系上的社会差异。后来，礼制被统治者作为治国安民的工具，逐渐发展成为上层建筑，在政治生活中扮演着愈益重要的角色。"三礼"即是其中代表性的礼典。

"三礼"是指我国古代记录、保存了许多周代礼仪的三部儒家经典——《仪礼》《周礼》《礼记》。其中，《仪礼》侧重行为规范，《周礼》侧重政治制度，而《礼记》则侧重对礼的各个部分的相关说明。"三礼"蕴含有丰富的文化内涵，为我们了解当时的政治、经济、宗教、文化、伦理、民俗、语言等保存了珍贵的历史资料，具有重要的文化价值。

《仪礼》记载了春秋战国时期士大夫阶层的礼仪，如冠、昏、丧、祭、朝、聘、燕等，典礼的仪式十分详细。其中，《仪礼·丧服第十一》最能体现"亲亲、尊尊"的原则。丧服制度不仅反映了当时的社会制度与血缘关系，而且对后世社会组织、文化观念有着重要影响。由此书读者可了解封建贵族的繁文缛节，考见古代宫室、舟车、衣服、饮食等日常生活情形，以及宗教信仰、亲族制度、政治组织、外交方式等。此书大约创作于春秋战国时期，作者为谁至今尚无定论。

《周礼》又名《周官》，是记载古代设官分职的政典，创作年代及作者至今尚无定论。此书汇集了周王朝及各诸侯国官制及制度，以儒家的政治理想加以增减、取舍汇编而成，对中国古代官职的置建产生过深远影响。《周礼》涉及范围甚广，如城乡建置、礼乐兵刑、天文历法、宫室车服、农商医卜、工艺制作等，是我们了解、认识和研究我国古代官制、政治史、文化史的重要资料。

今本《礼记》，也称《小戴礼记》，历来盛行的说法是西汉戴圣所辑。"礼"指的是《仪礼》，"记"是指对经文所作的解释、说明或补充。它是一部先秦至两汉时期儒家关于各种礼仪的论著以及礼学文献汇编。它阐释了《仪礼》所载各种礼仪制度的意义，记载了孔子及弟子关于礼的问答、阐释，也零星记述了夏商周三代所传之礼，是研究中国古代礼学的重要资料，也是研究孔子及早期儒家礼学思想的重要资料。《礼记》是"三礼"中对后世产生影响较为重大的著作，对于研究当时人们的礼仪制度、礼学思想、礼教学说、礼法道德乃至人们的行为规范等都具有重要意义。

如今，"礼"是人们日常生活中所遵守的道德规范和行为规范，维系着社会良好风气。我们不能轻视、忽视这一传统文化中的经典，仍然要重视"礼"，日常生活要受到"礼"的约束，对于其中儒家文化中相当重要、高尚的部分，我们仍要继承并发扬光大。随着中国的发展，"礼"的魅力必将再度大放异彩，使世界领略我国是一个文明、开放、尚礼的国度，中国的形象也将会因"礼"而升格。而这一切都要从我们年轻人，尤其是中学生朋友做起——这也是本书编写的重要原因。

本书编写共分十五个单元。《礼记·曲礼下第二》记载有六礼：冠、昏、丧、祭、乡、相见。七教：父子、兄弟、夫妇、君臣、长幼、朋友、宾客。八政：饮食、衣服、事为、异别、度、量、数、制。本书编写单元即据此加以设计，另又加入"礼""教育""官制""德行"几个单元，而未将七教中的兄弟、夫妇、朋友、宾客列入其中，而八政中除了"饮食"设有独立单元外，其他几个方面的内容也没有涉及。原因是"三礼"中涉及这几个部分的内容较少，难以汇集成独立单元，另外，有的内容在其他单元中已有所涉及，为避免重复而不再设立单元，或者是有的内容不太适合如今的中学生阅读而未选。其中，编者又根据单元篇幅及内容的相关性，将"乡饮酒礼"与"燕礼"合并为一个单元，将"聘礼"与"射礼"合并为一个单元。特此说明。

因为编写时间并非十分充裕，加之编者水平、能力有限，错讹之处在所难免，敬请方家批评指正。

司保峰

目录

第一单元　礼

一、礼之态度　　　　　　003

二、礼之大意　　　　　　006

三、礼本于天　　　　　　011

四、礼之所用　　　　　　015

五、大同小康　　　　　　022

第二单元　冠

一、二十弱冠　　　　　　029

二、冠礼之义　　　　　　030

第三单元　昏

一、昏之六礼　　　　　　035

二、礼本于昏　　　037

三、相亲相敬　　　040

第四单元　丧

一、合礼而死　　　045

二、居丧之礼　　　050

第五单元　祭

一、修义藏礼　　　059

二、治人重祭　　　064

第六单元　乡　　燕

一、尊贤养老　　　071

二、君臣明义　　　074

第七单元 聘 射

聘礼之义   079

第八单元 相 见

一、士相见礼   089

二、士见大夫   091

三、士见于君   093

第九单元 德 行

中庸之道   099

第十单元 君 臣

一、君临天下   105

二、君死社稷　　　116

三、臣下事君　　　118

第十一单元　父　子

一、人子人臣　　　127

二、父慈子孝　　　128

第十二单元　长　幼

长幼有序　　　137

第十三单元　饮　食

进食共食　　　145

第十四单元 教　育

一、大学之道　153

二、修齐治平　154

三、教学为先　156

四、教学相长　158

第十五单元 官　制

一、天官冢宰　163

二、地官司徒　166

三、春官宗伯　169

四、夏官司马　172

五、秋官司寇　174

六、冬官考工记　177

再版后记

181

第一单元

礼

中国历来讲求仁、义、礼、智、信，如果说"仁义"是儒家政治、思想、文化体系的核心，那么"礼"则是这一体系中非常重要的纲纪。

"礼"是为了使人们的言行举止、做事方式都能符合道义，用来提高人们的修养水平的一套基本准则和规范。儒家倡导用礼教来治理国家、修德化民，目的就在于创建一个有秩序、有节度的理想化的社会。

本单元内容试图阐释礼的起源、含义、本质、作用以及如何走近礼等问题。

礼

一、礼之态度

二、礼之大意

三、礼本于天

四、礼之所用

五、大同小康

一、礼之态度

《曲礼》曰：毋不敬①，俨②若思，安定辞③，安民哉！

——《礼记·曲礼上第一》

注解：① 敬：恭敬，另一说为"严肃"。② 俨：通"严"，端正，庄重。③ 辞：所说的话。

今译

《曲礼》上说：(凡事)不可不恭敬(严肃认真)，(神情)端庄持重而若有所思，说话要态度安详，言辞确定，这样才可以使民众安定。

原文

敖①不可长，欲不可从②，志不可满，乐不可极。

——《礼记·曲礼上第一》

注解：① 敖：通"傲"，傲慢。② 从：通"纵"，放纵，不加约束。

003

今译

傲慢不可以滋长,欲望不可以放纵,意志不可以自满,享乐不可以走向极端。

原文

贤者狎①而敬之,畏②而爱之。爱而知其恶,憎而知其善。积而能散,安安而能迁③。临财毋苟得,临难毋苟免。很④毋求胜,分毋求多。疑事毋质⑤,直而勿有。

——《礼记·曲礼上第一》

注解:① 狎:亲近。② 畏:敬畏。③ 安安而能迁:安安,前一"安"是动词,满足;后一"安"是名词,指感到满足的环境或事物。迁,改变。④ 很:争讼。⑤ 质:正,自以为正确。

今译

对贤能的人要亲近并敬重,敬畏而爱戴。对所喜爱的人要明白他的缺点,对所憎恶的人要懂得他的优点。能积聚财富也能分散财富(周济他人);能适应平稳安定(的环境)也能适应变化。面对财物不随便获取,遇到危难不随便逃避。争执不求胜,分财不求多。有疑问的事不要主观臆断,自以为是。纠正、澄清问题时,不要炫耀这种见解为己所有。

原文

若夫坐如尸①，立如齐②。礼从宜，使从俗。

——《礼记·曲礼上第一》

注解：① 尸：活着的晚辈扮作先祖的样子代其受祭，此人被称为"尸"。尸坐在神灵之位上，应该严肃、端庄。② 齐（zhāi）：通"斋"，斋戒。

今译

坐着就要像祭礼中的代为受祭的人一样（严肃、端庄），站着就要像斋戒时一样（肃穆、恭敬）。礼要顺从时宜，出使要顺从别国风俗。

释义

子曰："不学礼无以立。"因为礼是一个人为人处世的基本原则，不懂得应有的礼节就难以立足于世。但是如何学礼呢？首先要端正态度。就是要有敬畏之心，端庄严肃，内心安定，而且要亲贤者，远小人，懂得辨别其优劣，爱憎也要有分寸，不可走极端。而骄傲自大、志得意满、纵欲享乐、好货贪财、畏惧懦弱、自以为是、妄加判断等则会戕害人的灵性，阻碍人们修行高尚的品德，所以要尽力消除这些缺点和弱点。作为《礼记》的开篇，《礼记·曲礼上第一》首先就列举了正反两方面的态度，对此，学礼者不可不慎而重之。

二、礼之大意

原文

子曰："礼也者,理也。乐也者,节也。君子无理不动,无节不作。不能《诗》,于礼缪①。不能乐,于礼素。薄于德,于礼虚。"子曰："制度在礼,文为②在礼,行之,其在人乎!"

——《礼记·仲尼燕居第二十八》

注解:① 不能《诗》,于礼缪:缪,通"谬",错误。古人往往诵读《诗经》中的语句,表达意愿,外交场合多用。若不懂《诗经》,行礼时发生错误,就会有辱使命。② 文为:文饰,指礼的一切外在表现。

今译

孔子说："礼,就是道理。乐,就是节制。君子不合道理就不行动,没有节制的事就不能做。不懂《诗经》,对行礼而言就会发生错误。不懂乐,对行礼而言就过于单调。德行寡薄,对行礼而言就显得虚伪。"孔子说:"制度存在于礼中,文饰存在于礼中,而实行礼则在于人!"

原文

言而履①之,礼也。行而乐之,乐也。君子力此二者以南面而立②，夫是以天下太平也。诸侯朝，万物服体③，而百官莫敢不承事④矣。礼之所兴，众之所治也；礼之所废，众之所乱也。

——《礼记·仲尼燕居第二十八》

注解：① 履：实践，执行。② 南面而立：即"面南而立"，古圣人或君王以南向为尊。③ 服体：从其理。④ 承事：奉行职务。

今译

说了就去做，这就是礼。做了使人高兴，这就是乐。君子尽力做到这两点，担任统治者，因此天下就太平了。诸侯各国都来朝拜，万事万物都顺从其理，而所有官吏们也没有敢不奉行职务的。礼兴起的地方，民众就治理得好。礼被废弃的地方，民众就会发生动乱。

原文

礼器，是故大备。大备，盛德也。礼释回①，增美质；措则正，施则行。其在人也，如竹箭之有筠②也，如松柏之有心也。二者居天下之大端矣。故贯四时而不改柯③易叶。故君子有礼，则外谐而内无怨，故物无不怀仁，鬼神飨④德。

——《礼记·礼器第十》

注解：① 释回：释，消除。回，邪恶。② 竹箭之有筠（yún）：箭，小竹子。筠，竹子外面的青皮。③ 柯（kē）：草木的枝茎。④ 飨（xiǎng）：这里的意思是鬼神享用祭品。

今译

礼是修身的器具，因此能使人品行完备。一个人品行完备，就可以称作盛德了。礼可以消除人的邪恶，增添美好的品质，措置在身上就可以使自身端正，施用在事务上就能够畅行无阻。礼在人身上，就好像竹子有青皮，松柏有本心。这两者是竹子和松柏在天下生长的基本条件。所以它们能够历经四季寒暑的变化而不改枝换叶。因此，君子具备了礼，那么就能在外谐和而在家里没有怨尤，所以，人们无不归附于他的仁德，鬼神也乐于享用他这有德者的祭祀。

原文

先王之立礼也，有本有文。忠信，礼之本也；义理，礼之文也。无本不立，无文不行。礼也者，合于天时，设于地财，顺于鬼神，合于人心，理万物者也。是故天时有生也，地理有宜也，人官有能也，物曲有利也。

——《礼记·礼器第十》

今译

先王制定了礼，有内在精神也有外在形式规矩。忠信是礼的内在精神；义理是礼的外在形式规矩。没有内在精神，礼就不能存立;没有外在形式、规矩,礼就不能施行。礼是符合上天的时令,配合土地上的物产,顺应鬼神(的意愿),契合人们的心理,而治理万事万物的。因此,要根据上天的时令生产,根据土地条件制宜,根据人们的职官尽其所能,根据事物的品类来获利。

原文

礼,时为大,顺次之,体次之,宜次之,称次之。

——《礼记·礼器第十》

今译

礼,以(符合)天时为最重要,以顺应(人伦秩序)为次,体现区别又次,适宜又其次,相称更次。

原文

礼也者,犹体也。体不备,君子谓之不成人。设之不当,犹不备也。礼有大有小,有显有微。大者不可损①,小者不可益②,显者不可掩,微者不可大也。故经礼三百,曲礼三千③,其致一④也。未有入室而不由户者。

——《礼记·礼器第十》

注解:① 损:减损,减少。② 益:增益,增加。③ 经礼三百,曲礼三千:三百、三千,虚指,表明礼之很多。经礼,礼的大节。曲礼,礼的细目。④ 一:此处指"诚"。

今译

礼就如同人的身体。身体不完备,君子就认为还未成年。(行礼的)设施不当如同身体不完备。礼有规模宏大的,有形式短小的,有表现显著的,有用意隐微的。大的礼不能减少,小的礼也不能增多,显著的礼不能遮蔽,细微的礼也不能增大。因此,礼的纲纪有三百条,具体的细目有三千条,而致以诚心正意却是相同的。(就好像)人们进入内室,没有不经过门的。

原文

礼也者,反①本修古,不忘其初②者也。

——《礼记·礼器第十》

注解:① 反:通"返",复返,返回。② 初:本心,初衷。

今译

礼是使人返本性、修古道,不忘初衷的。

释义

这一节主要讲的是礼的大致含义。根据古人的理解,礼就是道理,就是实行,如同人的身体,是成年的标志;礼有根本,就是忠信;礼有形式,就是义理;礼要顺应天时,礼可以让人修养成器,道德完备;可以让人复返本性,修习古道,不忘初衷……

"礼者,履此者也"(《礼记·祭义第二十四》),"言而履之,礼也"(《礼记·仲尼燕居第二十八》),大意是,礼就是实行,就是说了去做。这都表明了礼是一种实践,一种活动。礼,就是为人们的言行举止制定的一整套规范和准则,使人们的行为有修养,语言符合道义。儒家把礼作为社会的纲纪,把礼推向了人之伦常、社会关系,甚至个人的行为规范,借此让人们"正容体,齐颜色,顺辞令"(《礼记·冠义第四十三》)。也就是说,通过学礼,可以让人们容貌庄重、体态端正、神情得当、言辞和顺,然后就可以"正君臣,亲父子,和长幼"(《礼记·冠义第四十三》),使得君臣、父子、长幼关系端正、和谐,如此这般就建立起人伦关系,确立了礼义之道。

　　当然,我们应该认识到,所谓的"礼"不仅仅就是言谈举止方面的技巧,或者是一个人做事的规范,也不仅仅是一个人的外在文饰。其实,礼是一种发自内心的真诚的相互敬重,其根本应该是人的思想品质。所以《礼记》中说:"忠信,礼之本也;义理,礼之文也。"这就论述了忠信与礼、义理与礼的关系,即没有忠信,礼就无法存在;没有义理,礼就无法施行。讲礼就要首先诚心正意,提高个人修养。这样的话,人们都来讲求礼仪,整个社会就能做到"外谐而内无怨",即内外和谐而无怨尤了。

三、礼本于天

原文

　　言偃复①问曰:"如此乎,礼之急也?"孔子曰:"夫礼,先王以承天之道,以治人之情,故失之者死,得之者生。

《诗》曰:'相鼠有体,人而无礼! 人而无礼,胡不遄②死!'是故夫礼,必本于天,殽③于地,列④于鬼神,达⑤于丧、祭、射、御、冠、昏、朝、聘。故圣人以礼示之,故天下国家可得而正也。"

——《礼记·礼运第九》

注解:① 复:再次。② 遄(chuán):立即,马上。③ 殽:通"效",仿效。④ 列:使……有顺序。⑤ 达:表现,显现。

今译

言偃又问道:"礼真的像这样急着(需要)吗?"孔子说:"礼是先前的君王用来顺承上天的法则,控制人们的情感的,所以人们丧失了礼就会死去,得到它才可以生存。《诗经》上说:'看那老鼠有形体,人却没有人之礼! 如果人们没有礼,为何还不快死去!'因此,礼一定要根据上天,效法大地,使鬼神有序,而表现在丧、祭、射、御、冠、婚、朝、聘各种活动中。因此,圣人就用礼昭示给人民,天下、国家就能得到正确的治理。"

原文

故圣人参①于天地,并于鬼神,以治政②也。处其所存③,礼之序也;玩④其所乐,民之治也。故天生时而地生财,人其父生而师教之。四者君以正用之。故君者立于无过之地也。

——《礼记·礼运第九》

注解：① 参：参考。② 治政：制定各项政策法规。
③ 处其所存：处置所考察的事理。④ 玩：研习。

今译

因此，圣人参照天地，比照鬼神，来治理政务。处置所考察的事理，就能得到礼的秩序。研习所喜好的，就能使人民得到很好的治理。因此，天能产生四时，地能产生资财，人由父母生养，有老师教导。这四者，国君让他们各得其正，加以使用。所以做国君的才能让自己立于没有过错的境地。

原文

是故夫礼，必本于大一①，分而为天地，转而为阴阳，变而为四时，列而为鬼神。其降曰命，其官于天也。夫礼必本于天，动而之地，列而之事，变而从时，协于分艺②。其居人也曰养③，其行之以货、力、辞让、饮食、冠、昏、丧、祭、射、御、朝、聘。故礼义也者，人之大端也。所以讲信修睦，而固人之肌肤之会、筋骸之束也；所以养生、送死、事鬼神之大端也；所以达天道，顺人情之大窦④也。故唯圣人为知礼之不可以已⑤也，故坏国、丧家、亡人，必先去其礼。

——《礼记·礼运第九》

注解：① 大一：即太一，天地未分化前的混沌状态。
② 协于分艺：和各种各样的事物相协调。③ 养：应为"义"。

④ 大窦：大的孔穴。这里用作比喻，意思是"重要通道"。

⑤ 已：停止。

今译

因此，礼必定出自于太一元气，然后分化为天地，转化为阴阳，变化为四季，分列为鬼神。(太一元气)降临人世就是命，它取法于上天。礼根源于天理，运用于大地，分布于人事之中，演变也依照四季，和各种事物相协调。礼处于人身上就是"义"，借助财货、物力、言辞逊让、饮食、加冠、婚、丧事、祭祀、习射、驾驭、朝见、聘问等各项礼仪来推行。所以说，礼义是人的基本准则。是用来讲求诚信，修习敦睦的，如同肌肤的会合、筋骨的连接(得到强固一样，使人们融洽相处)；是用来奉养生者，料理丧事，祭祀鬼神等大事；用来通达天理，顺应人情的重要通道。所以，只有圣人明白礼是不可废弃的，那些国破、家灭、人亡者，必定是先废弃了礼义。

释义

这一节内容主要谈的是礼的产生，古人认为它出自于太一，秉承了天命、天道，合乎鬼神意旨用来控制人类情感，治国安民。

天地是万事万物得以负载之所在，先民们也早就开始观察、思考他们得以安身立命的这一场所。当时的环境下，自然条件恶劣，先民茹毛饮血，防御能力极低。为了感恩和祈福，从而出现了礼拜天地、自然的仪式，他们在石头上烤食，用手撕肉，掘土为坑来饮水，用陶罐作鼓，土块做鼓槌，虔诚地拜祭天地，事"天"而致福——"礼"就这样产生了。

于是，对天地、自然的敬奉也直接影响到后来的政治和社会生活。人们认为，礼仪的制定就是根据了天命、天道："古之制礼也，经之以天地，纪之以日月，参之以三光(日、月、星)，政教之本也。"(《礼记·乡饮酒义第四十五》)也就是说，人们坚信，古礼就是以天地、日月、阴阳、四时等自然现象作为法则来制定的,用来规范人们的行为——这可以说是构建礼的基础之一。

儒家为何将人们对于天地、自然的尊奉与礼的产生联系起来呢? 其实把这两者放在一起并不矛盾。儒家把自然规律融入礼仪、规范的制定,使之具有了神秘、庄严的色彩,目的就在于要借以表现"礼"的威严、至高无上、神圣不可侵犯,以使得礼能够更为人接受,更受人敬畏,更为顺利地得以施行。

四、礼之所用

原文

夫礼者,所以定亲疏,决嫌疑,别同异,明是非也。礼,不妄说①人,不辞费。礼,不逾节②,不侵侮,不好狎③。修身践言,谓之善行。行修言道,礼之质也。礼,闻取于人④,不闻取人;礼,闻来学,不闻往教。

——《礼记·曲礼上第一》

注解:① 说:通"悦",让人高兴。② 节:有节制,有限度。③ 狎(xiá):不恭敬的样子。④ 取于人:向……请教。

今译

礼是用来判定亲疏关系,决断嫌隙疑难,区别异同,明辨是非的。依礼(而行),不胡乱地取悦人,不虚费言辞。依礼(而行),不超越礼的限度,不侵犯侮慢,不喜好狎邪。修养自身,实践诸言,称之为善行。实行修身,谈论大道,是礼的本质。礼,听说向人请教的,没听说主动要别人学;礼,听说来学的,没听说(主动)去教的。

原文

道德仁义,非礼不成;教训正俗①,非礼不备;分争辨讼,非礼不决;君臣、上下、父子、兄弟,非礼不定;宦学事师②,非礼不亲;班③朝治军,莅官行法,非礼威严不行;祷祠祭祀,供给鬼神,非礼不诚不庄。是以君子恭敬、撙④节、退让以明礼。鹦鹉能言,不离飞鸟;猩猩能言,不离禽兽。今人而无礼,虽能言,不亦禽兽之心乎? 夫唯禽兽无礼,故父子聚麀⑤。是故圣人作⑥,为⑦礼以教人,使人以有礼,知自别于禽兽。

——《礼记·曲礼上第一》

注解:① 正俗:使风俗端正。② 宦学事师:宦学,学习做官与学习六艺。事师,侍奉师长。③ 班:分层次、等级。④ 撙(zǔn):克制。⑤ 麀(yōu):雌鹿,这里泛指雌性兽类。⑥ 作:产生,兴起。⑦ 为:产生并使用。

今译

道德仁义,没有礼就不能形成;教育训导、端正风俗,没有礼就不能完备;辨别事理,争论诉讼,没有礼就不能决断;君臣、上下、父子、兄弟，没有礼就不能确定(顺序、地位)；学习做官和六艺，侍奉师长，没有礼就不能使师生关系亲和；朝官分级，管理军队，官员就职，执行法令，没有礼，威严就难以施行；祈福祭祀，供奉鬼神，没有礼就不够真诚、庄重。所以，君子恭敬、克制、退让用来彰明礼节。鹦鹉虽能说话，不能脱离飞鸟(的种属)；猩猩虽能说话，不能脱离走兽(的种属)。如今的人无礼，虽能说话，不也是(具有)和禽兽一样的心吗？(世上)只有禽兽没有礼，所以它们才会父子共一雌兽。因此圣人兴起，制定并使用礼仪来教导人们，使人们有礼，知道自己和禽兽是有所区别的。

原文

太上①贵德，其次②务施报。礼尚往来，往而不来，非礼也；来而不往，亦非礼也。人有礼则安，无礼则危，故曰："礼者，不可不学也。"夫礼者，自卑③而尊人。虽负贩者④，必有尊也，而况富贵乎？富贵而知好⑤礼，则不骄不淫；贫贱而知好礼，则志不慑⑥。

——《礼记·曲礼上第一》

注解：① 太上：上古时代的三皇五帝时期。② 其次：后世。③ 自卑：使自己谦卑。④ 负贩者：用肩挑着东西做买卖的人，即小商贩。⑤ 好(hào)：爱好，喜好。⑥ 慑：恐惧，害怕。

今译

上古时代，以德为贵。后来，务求有施与也要有回报。礼崇尚有来有往,去施惠,对方不来回报,不合礼;别人来施惠,而受惠者不知回报也不合礼。人有了礼就会安定,没有礼就危险,所以说:"礼是不能不学的。"礼,要求放低自己而尊重别人。即使是小商贩也一定有值得尊敬的人,又何况富贵的人呢? 富贵的人懂得爱好礼义就能不骄傲不淫逸;贫穷低贱的人懂得爱好礼义,那么就不会心生卑怯。

原文

故礼之于人也,犹酒之有蘖①也,君子以厚,小人以薄。故圣王修义之柄,礼之序,以治人情。故人情者,圣王之田②也,修礼以耕之,陈义以种之,讲学以耨③之,本仁以聚④之,播乐以安之。故礼也者,义之实也,协诸义而协,则礼虽先王未之有,可以义起也。义者,艺之分,仁之节也。协于艺,讲于仁,得之者强。仁者,义之本也,顺之体也,得之者尊。故治国不以礼,犹无耜⑤而耕也;为礼不本于义,犹耕而弗种也;为义而不讲之以学,犹种而弗耨也;讲之于学而不合之以仁,犹耨而弗获也;合之以仁而不安之以乐,犹获而弗食也;安之以乐而不达于顺,犹食而弗肥也。四体既正,肤革充盈,人之肥也。父子笃⑥,兄弟睦,夫妇和,家之肥也。大臣法,小臣廉,官职相序,君臣相正,国之肥也。天子以德为车,以乐为御,诸侯以礼相与⑦,大夫以法相序,士以信相考,百姓以睦相守,天下之肥也,是谓大顺。大顺者,所以养生、送死、事鬼神之常也。故事大积焉而不苑⑧,并行而不缪⑨,细行而不失,深而通,茂而有间⑩,连而不相及也,动而不相害也,此顺之至也。故明于顺,然后能守危也。

——《礼记·礼运第九》

注解:① 蘗(niè):酿酒用的酒曲。② 田:田地。另一说为"操作的场所"。③ 耨(nòu):除草。④ 聚:凝聚。另一说为"收获"。⑤ 耜(sì):古代农具。⑥ 笃:忠信。⑦ 相与:相交,相处。⑧ 苑(yǔn):滞涨,堵塞。⑨ 缪:通"谬",悖谬,不合情理。⑩ 间(jiàn):间距。

今译

因此,礼对于人来说,就像酿酒的酒曲一样,君子用来酿造味道醇厚的酒,即礼意深厚;小人用来酿造味道稀薄的酒,即礼意虚薄。因此,圣人研究义理的根本,礼的秩序,来治理人情。所以,人情好比是圣王的田地,用修治礼仪来耕地,用陈叙义播种,用讲学锄草,本着仁爱之心来收获,用散播音乐来安定(人心)。礼是义结出的果实,凡是合乎义的行为就要加以协调。即使先王没有礼,那么可以依据义来制定。义是区分法则的(依据),(施行)仁爱的节度。用义来协调事理,讲究仁爱之心,得到这些的人就会强大。仁是义的根本,顺的主体,能做到这些的人,会让人尊崇。因此说,治理国家不用礼,就像没有农具却要耕田一样;制定礼而不根据义,就像耕田而不播种;有义却不加以教化,就如同播种了却不锄草;教化却不把仁义相合,就像锄草却没有收获;把仁义相合而不能以乐来安定民心,就像收获了却不能食用;以乐来安定民心却不能通达、顺畅,就像吃了饭食却不肥美。四肢正常,皮肤丰润,这是身体的肥美。父子忠信,兄弟和睦,夫妇相爱,是家庭的肥美。大臣守法,小臣廉洁,官吏配合有序,群臣相互扶持,这是国家的肥美。天子把德行作为车,用乐来驾驭,诸侯之间以礼相交,大夫们以法排列官位,士人们用诚信来加以考核,百姓们用和睦来相处,这就是天下的肥美,这就叫做大顺。大顺是供养人们生活、料理死后之事、祭祀鬼神的法则。因此,诸事堆积却不堵塞,多件事情齐做而不矛盾,细微的小事不会遗忘,深奥的也可通晓,繁杂却有条理,事情连接却不牵扯,实行起来也不相妨害,这是顺的至极。因此,了解"顺"的意义,然后方可守住高位而不危乱。

原文

　　哀公问于孔子曰:"大礼①何如?君子之言礼,何其尊也?"孔子曰:"丘也小人,不足以知礼。"君曰:"否!吾子言之也。"孔子曰:"丘闻之,民之所由生,礼为大。非礼无以节事天地之神也,非礼无以辨君臣、上下、长幼之位也,非礼无以别男女、父子、兄弟之亲,昏姻、疏数之交也。君子以此之为尊敬然,然后以其所能教百姓,不废其会节②。有成事,然后治其雕镂、文章③、黼黻④以嗣⑤。其顺之,然后言其丧筭⑥,备其鼎俎⑦,设其豕腊⑧,修其宗庙,岁时以敬祭祀,以序宗族。即安其居,节丑⑨其衣服,卑其宫室,车不雕几⑩,器不刻镂,食不贰味,以与民同利。昔之君子之行礼者如此。"

——《礼记·哀公问第二十七》

　　注解:①大礼:礼的用处多,礼数繁杂,故称为"大礼"。②会节:行礼的日期。③文章:错杂的花纹。④黼(fǔ)黻

(fú)：古代礼服上绘、绣的黑白相间或黑青相间的花纹。⑤嗣(sì)：随后。⑥丧筭(suàn)：指丧之月数。⑦鼎俎(zǔ)：这里指祭祀时用来盛放祭肉的礼器。⑧豕腊：豕(shǐ)，猪肉。腊，干肉。⑨节丑：端正，整理。⑩几：凹纹和凸纹。

今译

鲁哀公问孔子说："大礼是怎样的？君子谈礼为何这么尊敬呢?"孔子回答说："我是个平凡人，还不足以懂得礼。"哀公说："不！请先生谈谈吧。"孔子这才答道："我听说，在人们赖以生存的(事物中)，礼是最重要的。没有礼，便不能按照礼节祭拜天地神明；没有礼，便不能辨别君臣、贵贱、长幼的辈分；没有礼，便不能区别男女、父子、兄弟的亲情，以及婚姻和人际交往上的关系。因此，君子看重礼，然后用其所能来教化百姓，不废弃行礼的日期。取得成效后，再雕刻祭器，接着再(制作)礼服，区分长幼顺序，(依照这些等级来)讨论丧祭之事，备置祭品，陈设祭牲，修建宗庙，按时节敬重地举行祭祀，使宗族有序。安心于自己所居处的环境，整理衣服，住房不求高大，车子上不雕图案，器具上也不刻花纹，吃的饭菜简单(不超过两种以上味道)，和百姓共享利益。从前的君子就是这样行礼的。"

释义

这一节内容主要谈的是关于礼的意义、作用。早期儒家认为，要维系良好的社会秩序就要建立起礼制，就要让礼制深入到人伦纲常和社会、政治生活中去。

首先，儒家极力强调了礼的重要性，认为人不知礼就仍然是禽兽之心，礼甚至成为人与禽兽的重要区别，礼应该成为人们最基本的行为方式和做人准则。

其次,礼可以用来"定亲疏,决嫌疑,别同异,明是非",即能够用来确定人们的亲疏远近,决断嫌疑,区别同异,明辨是非。这样的话,君臣、上下、父子、兄弟、夫妇的关系与名分就能够得以确定,礼也逐渐变成了家庭、社会中人与人之间亲疏、上下、尊卑、贵贱区分的尺度和判别是非善恶的标准,成为了社会道德的规范。后来,礼更是极大地影响了国家制度和法典,儒家主张以礼治世,"失之者死,得之者生",意思是如果不采用礼教治国就可能导致灭亡。

另外,礼还可以用来教导民众,则"天下国家可得而正也"(《礼记·礼运第九》)。孔子也极力倡导礼治与德治并重,主张用道德教化民众,用礼来规范民众,百姓就会有归附仁德之心。如果用政令来训诫民众,用刑罚来整肃民众,百姓就会有逃避刑令之心。礼能使富贵者因喜好礼而祛除骄奢淫逸,使贫贱者因喜好礼而不再生怯乏志。这样的话,礼就成为了社会安定的重要基础。

五、大同小康

原文

孔子曰:"大道①之行也,与三代之英②,丘未之逮③也,而有志焉。大道之行也,天下为公。选贤与能,讲信修睦。故人不独亲其亲,不独子其子,使老有所终,壮有所用,幼有所长,矜寡、孤独、废疾者④,皆有所养。男有分,女有归⑤。货,恶⑥其弃于地也,不必藏于己;力,恶其不出于身也,不必为己。是故谋⑦闭而不兴,盗窃乱贼而不作,故外户而不闭。是谓大同。"

——《礼记·礼运第九》

注解:①大道:社会安定时期的行为规范,或者说是儒家学者理想中的社会形态。②三代之英:夏、商、周三代中英明的君王。③逮:赶得上。④矜寡、孤独、废疾者:分别指老而无妻、无夫的人,年幼无父、年老无子的人,身体残疾的人。矜,通"鳏(guān)"。⑤归:出嫁之地。⑥恶(wù):厌恶,憎恨。⑦谋:阴谋计策。

今译

孔子说:"大道得以实行的时代和夏、商、周三代的英杰,我都没有赶上,但却有文字记载下来。大道实行的时代,天下为大家所公有。选举贤能之人,传位给他,讲求诚信,看重和睦。因此,人们不只是敬爱自己的双亲,抚育自己的孩子,还要使社会上的老人得以终养天年,壮年之人得以任用,幼童可以得到抚育、成长,老而无妻、无夫的人,年幼无父、年老无子的人,残疾人及病人都能得到奉养。男人都有自己的职责,女人能(得以适时婚嫁)拥有家庭。人们嫌恶钱物被丢弃在地面不管,也不必据为己有;人们厌恶那些自己有力而不肯出力的人,但也不让别人为自己出力。因此,各种阴谋诡计都被禁止而不再使用,盗窃和乱臣贼子也不会出现,因而,屋外的大门不用关闭。这就叫做大同世界。"

原文

　　"今大道既隐①,天下为家。各亲其亲,各子其子。货力为己。大人②世及③以为礼,城郭④沟池⑤以为固,礼义以为纪,以正君臣,以笃⑥父子,以睦兄弟,以和夫妇,以设制度,以立田里⑦,以贤勇知,以功为己。故谋用是⑧作,而兵⑨由此起。禹、汤、文、武、成王、周公由此其选⑩也。此六君子者,未有不谨于礼者也,以著⑪其义,以考其信,著⑫有过,刑⑬仁讲让,示民有常。如有不由此者,在埶⑭者去,众以为殃。是谓小康。"

——《礼记·礼运第九》

　　注解:①隐:退去,消散。②大人:指国君。③世及:古代传位的两种主要方式,父传子,兄传弟。④郭:外城。⑤沟池:城外的护城河。⑥笃:深厚。⑦田里:包括所种田地和所住之处。⑧用是:由此。⑨兵:战争。⑩选:表现出色、能成就大事之人。⑪著:显出,显示。⑫著:登录,登记。⑬刑:效法。⑭埶:通"势",有权势的人。

今译

　　"如今,大道已经隐没,天下成为(君王)自家的。人们只敬爱自己的双亲,各自抚育自家的孩子。财物和人力都为己所用。国君把王位传给儿子或兄弟并认为合乎礼法,把城郭和护城河建造得更坚固,把礼、义作为纲纪,用它来端正君臣关系,使得父子感情深厚,兄弟和睦,夫妻和美,设立制度,划分田地、住宅,看重勇力、才智,一切事功都是为了个人。所以阴谋诡计就从此产生,战争也从此兴起。夏禹、商汤、文王、武王、成王和周公就是以礼治国的英杰人物。这六位君子没有不遵守礼制的,他们用礼来彰明道义,考察诚信,登录过错,效法仁爱,讲求谦让,昭示民众治国有常法。如果有人不遵礼仪,即便有权有势,也将被驱逐,人们都会把他看做祸殃。这就叫做小康社会。"

释义

　　本节内容阐述了儒家的政治理想及以礼治世的政治主张。

　　儒家的学说历来鼓励人入世,为国家、社会贡献自己的能力。孔子所倡导的理想中的社会就是"大同世界"。在其中,他为我们描绘了美好的场景,但主要的却是一个"公"。天下也是共有的,其他方面更是如此,人们似乎都没有什么"私"的心思和念头。当然,这种大同世界只不过是"上古"时代的社会。即使孔子自己也认为,社会历史会向前发展,这只能是一种社会理想而已。

　　面对"家天下"和私有观念发展下的现实环境,孔子更主张以三代时期贤明圣王禹、汤、文、武、成、周公等为榜样,采用他们的以礼治国的方略来建立当世的小康社会。以礼义为纲纪,实行礼治,倡导仁爱、谦让,使得君臣、父子、兄弟、夫妇次序井然、等级有别,又能和睦相处,从而构建一个有情有义、有礼有节的和谐而融洽的社会,这就是"小康"。

　　如果真的能做到"父慈子孝、兄良弟弟、夫义妇听、长惠幼顺、君仁臣忠"(《礼记·礼运第九》),那么人们就能崇尚谦让,讲求诚信、和睦,不再争抢、杀戮,天下就会太平;否则家庭伦常和社会关系混乱,就会天下大乱。由此可见,礼在治理人心和维系天下秩序方面所起到的重要作用。

第二单元

冠

古代贵族男子二十岁行加冠礼，命字，表示已经成年，行成人之礼，以此来明确君臣、父子等社会关系和责任。行加冠礼标志着一个成年男子明确了他将来的伦理道德和社会责任，也是他走向社会的开始，同时冠礼又表现了父子相继的宗法伦理精神。这一礼仪源于古代氏族社会的"成丁礼"。

本单元主要阐释冠礼的大致礼节及其意义。

冠

一、二十弱冠

二、冠礼之义

一、二十弱冠

人生十年日幼，学。二十日弱①，冠②。三十日壮，有室。四十日强，而仕。五十日艾③，服④官政。六十日耆⑤，指使。七十日老，而传⑥。八十、九十日耄⑦，七年日悼。悼与耄，虽有罪不加刑焉。百年日期颐。

——《礼记·曲礼上第一》

注解：① 弱：身体没有完全成熟。② 冠(guàn)：古代二十岁的男子要行加冠之礼，表示长大成人。③ 艾：形容人年纪大了，头发灰白的颜色如艾草。④ 服：担任，掌管。⑤ 耆(qí)：年老。⑥ 传：即"传重"，父亲把宗庙主的地位传给嫡长子。⑦ 耄(mào)：八九十岁。

今译

男人生下来十岁叫做幼，开始学习。二十岁叫弱，举行加冠礼。三十岁叫壮，娶妻成家。四十岁叫强，可做官。五十岁叫艾，可掌管政务。六十岁叫耆，可指使、指挥别人。七十岁叫老，可把宗庙祭祀的事传给嫡长子。八十岁、九十岁叫耄，七岁叫悼。处于悼与耄年纪的人，即使有罪也不施加刑罚。一百岁叫期颐。

释义

古人将百年之身，按照约十年光景划分，每个阶段都有应该做的大事。年龄的细致划分，自有其社会文化的意义。社会对不同年龄的老人有不同的优待之礼，因此，每一种年龄称谓便标识出一种特定的身份地位，人与之交往时就要遵循相应的角色规范。男子年届二十，需举行冠礼，从宾客取得字，这不仅是一个仪式，更是一种象征，喻示着他已经成年，取得了成人的权利，更要担当起相应的责任和义务。

二、冠礼之义

原文

　　冠义：始冠，缁布之冠也。大古冠布①，齐则缁之②。其緌③也，孔子曰："吾未之闻也。"冠而敝④之可也。嫡子冠于阼，以著代⑤也。醮于客位，加有成⑥也。三加弥尊，谕其志也。冠而字之，敬其名也。委貌⑦，周道也；章甫⑧，殷道也；毋追⑨，夏后氏之道也。周弁、殷冔、夏收⑩，三王共皮弁、素积。无大夫冠礼，而有其昏礼。古者五十而后爵，何大夫冠礼之有？公侯之有冠礼也，夏之末造也。天子之元子犹士也，天下无生而贵者也。继世以立诸侯，象贤也。以官爵人，德之杀也。死而谥，今也。古者生无爵，死无谥。

——《仪礼·士冠礼第一》

注解：① 大古冠布：大，通"太"。大古，即太古，指尧舜以前年代。冠布，戴白布冠。② 齐则缁（zī）之：齐，通"斋"，斋戒。缁之，染成黑色。③ 绥（ruí）：冠的缨饰。结在颔下用以固冠的带子叫作缨；结后剩余下垂作为装饰的部分叫作绥。④ 敝：弃。⑤ 著代：著，明。代，表明儿子将取代父亲。⑥ 加有成：加礼于有成德之人。⑦ 委貌：周代冠名，以黑色丝织品制成。⑧ 章甫：殷代冠名，有人认为就是缁布冠。⑨ 毋（móu）追：夏代冠名。委貌、章甫和毋追是三代常戴之冠名。⑩ 周弁、殷冔、夏收：这三者是三代斋戒、祭祀时所戴冠名。弁，爵弁。殷称冕作冔（xū），即覆，覆首。夏称冠作收，即敛发。

今译

冠礼的意义：第一次加冠用缁布冠。太古时戴白布冠，祭祀斋戒，则染成黑色。关于这种冠缨下的绥饰，孔子说："我没有听说过这种冠有绥饰这种事。"行加冠礼之后，缁布冠就可以弃置不用了。嫡子在阼阶上行加冠礼，是要表明子将代父的意义。在客位上行醮礼，则显示是在为有成人之德的人加冠。三次所加的冠，后来的都比前一次更贵重，是教谕冠者要确立远大的志向。加冠之后又命以表字，是要显示对所受于父母之名的敬重。委貌，是周代常戴的冠；章甫，是殷代常戴的冠；毋追，是夏代常戴的冠。第三次所加的冠，周代是"弁"，殷代是"冔"，夏代是"收"。第二次加冠的服装，夏、商、周三代都用皮弁、白色的衣裳。没有大夫的加冠礼，但有大夫婚礼。古代人五十岁才能授予爵位，怎么还会另有大夫的加冠礼呢？公侯另有加冠礼，那是夏末的事情。天子的嫡子，用的也只是"士"礼，这就是说，天下没有生下来就尊贵的人。诸侯世袭，是因为世子能取法先祖的贤德。授人官爵，都以德行的高下等差为标准。士死以后追加谥号,是现在的事。古代的士,活着没有受爵位,死后就不给他追加谥号。

释义

本节内容阐述了冠礼意义:著代、有成、谕志、敬名,即意味着儿子将取代父亲,施加礼于有成德之人,教谕冠者确立远大的志向,表示对所受于父母之名的敬重。

《仪礼·士冠礼第一》详细记述了行冠礼的过程、陈设、仪式及行礼时的致辞。篇末的《记》,即所选本节,是对经文的补充和阐发,其中有对古代礼仪的补记,有关于礼的意义和凡例的说明等,简要说明了三代(夏、商、周)冠礼的沿革、异同,论述了行冠礼的伦理道德意义以及所适用的范围。士冠礼不仅适用于"士",而且也适用于包括天子、诸侯在内的一切贵族。

第三单元

昏

　　《仪礼·士昏礼第二》记述青年男女在媒人沟通下、在家长主持下缔结婚姻的一系列礼节、仪式。儒家非常重视婚礼，认为它是社会发展、伦理道德产生和实行的前提，也是礼制的基础。因为，按照礼仪规定，男子要在昏时迎娶新娘，所以称作昏礼。之所以选在昏时迎娶，是因为这意味着阳往阴来。

　　本单元节选《仪礼·士昏礼第二》、《礼记·昏义第四十四》及《礼记·郊特牲第十一》部分内容，既有古代士婚礼的大致过程，又有儒家对婚礼意义的阐释，如事宗庙、继后世、明妇顺、和内外、治家国等。

昏

一、昏之六礼

二、礼本于昏

三、相亲相敬

一、昏之六礼

昏礼。下达①,纳采②,用雁③。主人④筵于户西。西上,右几。使者⑤玄端至。摈者⑥出请事,入告。主人如宾服,迎于门外,再拜。宾不答拜。揖入。至于庙门,揖入。三揖,至于阶,三让,主人以宾升,西面。宾升西阶,当阿⑦,东面致命。主人阼阶上,北面再拜。

授于楹间⑧,南面。宾降,出。主人降,授老⑨雁。

摈者出请。宾执雁,请问名⑩。主人许。宾入授,如初礼。

—— 《仪礼·士昏礼第二》

注解:① 下达:男方家派遣媒人和女方家通话。② 纳采:采,即采择。也就是女家同意男家提亲后,男家备礼到女家求婚的礼仪。③ 用雁:纳采用雁作为求婚的礼物。④ 主人:这里指的是女方父亲。⑤ 使者:这里指男家媒人。⑥ 摈者:指协助女家主人行礼的人。⑦ 当阿:阿即栋。士大夫的宗庙,共有五檩,中脊为栋。这里的"当阿"就是到中脊(栋)下。⑧ 楹间:东西两楹柱之间。堂前东西各一柱,称作楹。⑨ 老:家臣中的长者。⑩ 问名:询问女子之名,来占卜其吉凶。

婚礼。男家遣媒人向女家提亲,然后举行纳采礼,用雁作礼

035

物。女家主人在祢庙堂的户门西面布设筵席。筵席以西为上首,几摆设在右方。男家使者穿着玄端礼服到来。女家摈者出门问事,进来后告知主人。主人穿着和宾相同的礼服出门迎接。主人两次下拜,宾不答拜。宾主互相作揖进门。到庙门后互相作揖进入。这样相对三次作揖,到达堂前阶下,谦让三次。主宾一起登堂,面朝西方。宾从西阶登堂,到栋下面,朝东方致辞。主人在阼阶上方,面朝北方再拜。

(使者)在堂上两楹之间授雁,面朝南方。宾下堂后出庙门。主人下堂,把雁交给年长的家臣。

摈者出门问事。宾手执雁为礼,询问女子的名字。主人应许。宾入门授雁,这些仪式与纳采的礼节相同。

原文

纳吉①,用雁,如纳采礼。

纳征②,玄纁③束帛、俪皮,如纳吉礼。

请期④,用雁。主人辞,宾许,告期,如纳征礼。

——《仪礼·士昏礼第二》

注解:① 本节记述"纳吉"的礼仪,也就是男家占卜得吉,告知女家。② 本节记述"纳征"之礼,也就是男家送聘礼到女家以定婚事。③ 玄纁:玄、纁二色。玄,黑色。纁,浅红色。④ 本节记述"请期"之礼,也就是男家请女家确定婚期。

今译

纳吉,用雁作为礼物,礼节如同纳采礼。

纳征,用黑、红两色的帛一束,两张鹿皮当做礼物,礼节如同纳吉礼。

请期，用雁作为礼物。（宾请女方家确定娶亲日期，）女方家主人推辞，宾同意，告诉主人迎娶的日期。礼节如同纳征礼。

释义

《仪礼·士昏礼第二》记述士大夫娶妻成婚的礼节仪式。《仪礼·士昏礼第二》疏引郑玄《目录》说："士娶妻之礼，以昏为期，因而名焉。"也就是说，男子在昏时亲迎新妇。以昏为名，所以称作昏礼。现在所说的结婚、婚礼，就来源于此。

婚礼共有六项内容，也叫六礼，它们分别是：纳采、问名、纳吉、纳征、请期、亲迎。女家应许男方提亲后，男方遣媒人到女家"纳采"，也就是赠送彩礼。"问名"就是男方父亲找人占卜该女子是否吉利，如果吉利，男方就派遣媒人到女家报告，这就叫"纳吉"。"纳征"，征即聘，也就是男方派遣媒人向女方家赠送聘礼，表示婚姻关系的正式确立。此后，男方要通过占卜挑选一个好日子成亲并遣媒人前去女家报告，请示婚期，这就是"请期"。最后就是到了婚期"亲迎"成婚。这"六礼"就是古时婚礼的大致过程。此处所选内容为婚礼的前五礼，因为"亲迎"部分较为繁琐，因此未选。

二、礼本于昏

原文

昏礼者，将合二姓之好，上以事宗庙①，而下以继后世也。故君子重之。是以昏礼纳采、问名、纳吉、纳征、请期，皆主人筵几②于庙，而拜迎于门外，入，揖让而升，听命于庙，所以敬慎重正昏礼也。

父亲醮子而命之迎③，男先于女也。子承命以迎，主人筵几于庙，而拜迎于门外。婿执雁入，揖让升堂，再拜奠雁，盖亲受之于父母也。降，出御妇车，而婿授绥④，御轮三周。先俟于门外，妇至，婿揖妇以入，共牢而食，合卺而酳⑤，所以合体同尊卑以亲之也。

敬慎重正而后亲之，礼之大体而⑥所以成男女之别，而立夫妇之义也。男女有别，而后夫妇有义；夫妇有义，而后父子有亲；父子有亲，而后君臣有正。故曰：昏礼者，礼之本也。夫礼始于冠，本于昏，重于丧祭，尊于朝聘，和于射乡——此礼之大体也。

——《礼记·昏义第四十四》

注解：① 上以事宗庙：妇人可以帮助丈夫举行宗庙祭祀的职责。② 主人筵几：主人，指女方的父亲。筵几，为神灵布席设几，以便其到来坐息和凭依。③ 父亲醮子而命之迎：子前往亲迎之前，父为子酌酒。④ 绥：车上可以抓住上车的绳子。⑤ 合卺而酳：卺(jǐn)，半瓢。男女各拿一半以饮酒，称为合卺而酳。酳(yìn)，食毕用酒漱口。也指献酒。⑥ 礼之大体而：疑为衍文。

今译

婚礼将结合两个姓氏之间的欢好，对上祭祀宗庙，对下延续后代，所以君子十分看重它。因此，婚礼前举行纳采、问名、纳吉、纳征、请期等礼节时，女方的父亲都要在祖庙里摆设几案，还要到庙门之外迎接(男方家派来的使者)，将其引入庙中，双方作揖施礼，推辞谦让(行"三揖三让"之礼)，登上庙堂，在祖辈灵位前听取男方使者传达的使命，以此表示恭敬、谨慎、隆重、堂堂正正地对待婚礼。

(迎亲时)父亲给儿子斟酒，命他去迎娶新娘，表明男子先去迎娶而女子跟随而来(有"夫唱妇随"之意)。新郎秉承了父亲之命前去迎娶，女方的父亲在家庙中摆设几案，在庙门外迎接。女婿拿着雁进入庙门，行三揖三让之礼后登上庙堂，将雁奠放在堂上，行再拜礼，这表明新郎是从新娘的父母那里迎娶、接受新娘的。女婿下堂后，走出庙门，驾驶新娘乘坐的婚车，并将上车时用的挽绳递给新娘。等车轮转过三周之后，女婿就下车先走，到自家大门外等候。新娘到来后，新郎就向新娘作揖，请她进门，夫妇共同享用俎中的鱼和肉，还要用同一个瓠剖开的两只瓢饮酒，以此表明夫妇合为一体，尊卑相同，相亲相敬。

有了恭敬、谨慎、隆重、堂堂正正的婚礼，才能有夫妇之间的亲爱，并因此而形成男女之间的区别，建立夫妇之间的道义。男女有了区别，夫妇之间才有道义；夫妇之间有了道义，父子之间才有了亲情；父子之间有了亲情，君臣之间的关系才能端正。因此说，婚礼，是礼的根本。对于礼而言，冠礼是起始，婚礼是根本，隆重地表现于丧礼和祭礼，尊贵地体现于朝见礼和聘问礼，融洽、和谐地体现于乡饮酒礼和射礼——这就是礼的大致要点。

释义

婚礼的意义，是"合二姓之好，上以事宗庙"，"下以继后世"，因而对婚礼要十分重视，必须完成"六礼"，表明婚礼是恭敬、谨慎及受人尊重的正礼。儒家认为，唯有如此才能有夫妇之间的相互尊重与和睦；夫妇互敬互爱，才能确立夫妇之间的道义，然后父子相亲,君臣关系端正。这样的话,从夫妇到家庭再到君臣关系及整个社会,便建立起一个和谐有序、相亲相爱、君良臣忠的伦理次序和体系。因此,婚礼被看做是礼的根本。

三、相亲相敬

原文

天地合而后万物兴焉。夫昏礼,万世之始也。取于异姓,所以附远厚别也。币①必诚,辞无不腆。告之以直信。信,事②人也;信,妇德也。壹与之齐,终身不改。故夫死不嫁。男子亲迎,男先于女,刚柔之义也。天先乎地,君先乎臣,其义一也。执挚以相见,敬章别也。男女有别,然后父子亲。父子亲,然后义生。义生,然后礼作。礼作,然后万物安。无别无义,禽兽之道也。婿亲御授绥,亲之也。亲之也者,亲之也。敬而亲之,先王之所以得天下也。出乎大门而先,男帅女,女从男,夫妇之义由此始也。妇人,从人者也;幼从父兄,嫁从夫,夫死从子。夫也者,夫也;夫也者,以知帅人者也。玄冕齐戒,鬼神阴阳③也。将以为社稷主,为先祖后,而可以不致敬乎?共牢而食④,同尊卑也。

——《礼记·郊特牲第十一》

注解：① 币：指男家向女家行纳征礼时所赠送的礼物。② 事：立。③ 玄冕齐戒，鬼神阴阳：玄冕，祭服。齐，即"斋"。阴阳，夫妇。④ 共牢而食：牢，俎。婿亲迎到家后，夫妇共吃一顿饭，有豚、鱼、腊三俎，即共牢而食。

今译

　　上天的元气与大地的元气相配合，然后万物就此而产生。婚礼，是后世千秋万代子孙绵延的开始。迎娶与自己不同姓氏的女子为妻，既可以用来亲附那些疏远的族姓，又可以严格排斥与同姓宗族的人婚配。订婚时的聘礼一定要有实际用处，致辞也需实在，不要谦让地说什么"礼物不丰厚"之类的客套话。以此来告诉女子要正直、诚信。诚信是一个人用来侍奉他人的基本品质。诚信也是妇人的基本品德。一旦嫁与他人，就终身不能改变。因此，即使丈夫死了也不能改嫁。男子亲自前往女方家中迎娶，男子乘车在前，女子乘车随后而来，这就意味着男子刚强进取（且居主导地位），女子温柔贤淑（十分顺从）之意。就如同上天领先于大地之前，君王领先于臣子之前的道理是一样的。迎娶那天，男子拿着雁作为礼物前往拜见，是敬重地表明男女之间的名分有着严格的区别。男女名分有别，然后父子才有亲情；父子之间有了亲情，人伦之间的道义才能产生。人伦之间的道义产生，礼才能被制定出来。礼被制定出来，人世间的万事万物才能得以安定。如果（夫妻之间、父子之间）没有严格的名分区别和界限，那么这就无异于禽兽相处之道了。迎娶那天，新郎亲自为新娘驾车并把上车的挽绳递给新娘，这就表示对她亲近、喜爱的意思。新郎对新娘亲近、喜爱，也就是为了让新娘对新郎亲近、喜爱。夫妇之间相互敬重、喜爱，这就是先王之所以取得天下的原因。走出女方家大门后，新郎带领着新娘，新娘跟随着新郎，夫妇之间（夫唱妇随）的道义就由此而产生了。妇人，就是顺从的人。

幼年听从父亲和兄长的,出嫁后听从丈夫的,丈夫死后听从儿子的。夫,就是丈夫。丈夫就是凭借智慧和才能领导别人的人。迎娶那天,新郎要穿着玄冕祭服进行斋戒,像敬重地祭祀鬼神那样对待这件阴阳配合的神圣大事。结婚之后夫妇将成为社稷的主祭人,为先祖繁衍后代子孙,对此怎么可以不表示虔诚的敬意呢?婚礼晚上,新郎和新娘共俎进食,表示夫妇尊卑相同。

释义

从以上几节的选文内容可知,古人同姓不结婚,这表明当时已经实行了外婚制,可以防止近亲结婚,还可借助异姓间的联姻而使得自己的种族得以存续。其次,男女婚姻只有经过媒妁的介入才能为世人所承认,才符合社会风俗习惯、伦理道德。再次,男女婚姻来往必须有"币",即礼物,不过,礼物也只是一种象征意义。以雁为礼也就是取用大雁坚贞不改的意思。通过送聘礼还能教导女子诚信不欺,对婚姻慎重、负责、坚贞。

当然,古人要求女子无条件地顺从父亲、兄长、丈夫、儿子,说明当时还未能认识到女子应有的地位和作用。但本节选文内容也主张夫妇要相亲相敬,"尊卑相同",并认识到这是先王之所以得天下的原因,可以说还是比较明智的。

其实,与如今对婚礼的认识不同,儒家认为,结婚是家族里庄重、严肃的事,不是个人的喜庆之事。因为,传宗接代同时也就意味着新陈代谢,儿子将逐渐取代父亲的地位,这样,作为孝顺的子女就不能没有感伤,所以说"婚礼不贺"。

第四单元

丧

　　古人云：死生亦大矣。古人十分重视丧葬礼仪。因为人与人之间的亲疏关系不同，那么在为死者服丧期间，他们的表现也就各自不同，这就体现出人与人之间的血缘关系和尊卑关系。

　　丧服制度是古人为了悼念死者设置的。丧服就是人们为死者服丧时所穿戴的服饰。丧服制度以血缘关系和婚姻为基础，形成了一个亲属网。它可以用来维护封建宗法制度，也具有亲亲、尊尊、男女有别等特点。

　　本单元内容试图让读者了解古代一些居丧礼仪、丧服制度、节制哀情、亲人之丧以及部分贤者对于丧事的看法和处理等。

丧

一、合礼而死

二、居丧之礼

一、合礼而死

原文

曾子寝疾,病①。乐正子春②坐于床下,曾元、曾申③坐于足,童子隅坐而执烛。童子曰:"华而睆④,大夫之簧⑤与?"子春曰:"止!"曾子闻之,瞿然⑥曰:"呼!"曰:"华而睆,大夫之簧与?"曾子曰:"然,斯季孙之赐也,我未之能易也。元,起易簧!"曾元曰:"夫子之病革⑦矣,不可以变。幸而至于旦,请敬易之。"曾子曰:"尔之爱我也不如彼。君子之爱人也以德,细人⑧之爱人也以姑息。吾何求哉?吾得正而毙焉,斯已矣。"举扶而易之,反席未安而没⑨。

——《礼记·檀弓上第三》

注解:①病:病情严重。②乐正子春:春秋时鲁国人,曾子弟子。③曾元、曾申:曾子的儿子。④华而睆:华,华丽,华美。睆(huàn),明亮的样子。⑤簧(zé):用竹子或木条编成的席子。⑥瞿(jù)然:惊惧的样子。⑦革(jí):通"亟",病重。⑧细人:小人。⑨反席未安而没:反,通"返"。没,通"殁",死去。

今译

曾子卧病在床,病情非常严重。乐正子春坐在床的下首,曾元、曾申坐在曾子的脚边,童子坐在角落,拿着烛火。童子说:"华美而又明亮,这是大夫用的席子吗?"乐正子春说:"不要说了!"曾子听到后惊惧地说:"哎呀!"童子又说:"华美而又明亮,这是大夫用的席子吗?"曾子说:"的确是啊!这是季孙氏送给我的,可是现在我没能更换它了啊。曾元,把我扶起来换掉席子吧。"曾元说:"您的病情危急,不能随意换位置。希望能到天亮后再请换掉它吧。"曾子说:"你对我的爱还比不上那个童子。君子爱别人,用的是德行,小人爱别人,用的却是姑息迁就。我现在还有什么要求呢?我只希望能够合乎正礼地死去,这样也就可以了。"于是大家把曾子扶起来,更换了席子,还没等到安稳地返回席上曾子就去世了。

原文

齐大饥。黔敖①为食于路,以待饿者而食②之。有饿者蒙袂辑屦③,贸贸然④来。黔敖左奉食,右执饮,曰:"嗟⑤!来食!"扬其目而视之,曰:"予唯不食嗟来之食,以至于斯也!"从⑥而谢⑦焉,终不食而死。曾子闻之,曰:"微与⑧!其嗟也可去,其谢也可食。"

—— **《礼记·檀弓下第四》**

注解:① 黔敖:人名。② 食(sì):拿饭给人吃。③ 蒙袂辑屦:蒙袂,用衣袖蒙着脸。袂(mèi),衣袖,袖子。辑屦(jú)(jù),趿拉着鞋。④ 贸贸然:眼睛昏花的样子。⑤ 嗟:轻蔑的呼唤声。⑥ 从:跟随。⑦ 谢:致歉。⑧ 微与:微,不应当。与,语气词。

今译

　　齐国发生了严重的饥荒。黔敖在路边准备好饭食来等饥饿的人吃。有个饥饿的人用袖子蒙着脸,趿拉着鞋,两眼昏花地走过来。黔敖左手端着饭菜,右手端着汤,说道:"喂! 过来吃吧!"那个饥饿者抬起眼来看着他说:"我就是因为不愿吃嗟来之食,才到了这个地步!"黔敖跟着他,向他致歉,他最后还是不吃而饿死了。曾子听到这件事后说:"这样做就不应当了吧! 黔敖无礼叫他时,他可以离开,但黔敖道歉之后还是可以去吃的。"

原文

　　陈子车①死于卫。其妻与其家大夫②谋以殉葬,定而后陈子亢③至。以告曰:"夫子疾,莫养于下,请以殉葬。"子亢曰:"以殉葬,非礼也。虽然,则彼疾当养者,孰若妻与宰? 得已④,则吾欲已;不得已,则吾欲以二子⑤者之为之也。"于是弗果用。

——《礼记·檀弓下第四》

　　注解:①陈子车:春秋时齐国大夫。② 家大夫:为卿大夫处理家务的总管。③陈子亢:陈子车的弟弟,孔子的弟子。④ 已:止,终止。⑤二子:指陈妻和家大夫。

今译

　　陈子车死在卫国。他的妻子和家大夫商量着用活人殉葬。决定之后,陈子亢来了。这两人告诉陈子亢说:"先生病重,没有人在地下奉养他,请用活人为他殉葬。"陈子亢说:"用活人殉葬是不合于礼义的。虽然这样说，但兄长有病也应当有人去奉养，那谁能比得上他的妻子和家大夫（更合适）呢？如果能够停止（殉葬），那正是我所希望的。如果不能停止，那我就想用你们两个人来殉葬。"于是，最终也没有用活人殉葬。

原文

子柳①之母死。子硕②请具③。子柳曰："何以哉？"子硕曰："请粥④庶弟⑤之母。"子柳曰："如之何⑥其粥人之母，以葬其母也？不可。"既葬。子硕欲以赙布⑦之余具祭器。子柳曰："不可。吾闻之也：君子不家⑧于丧，请班⑨诸兄弟之贫者。"

——《礼记·檀弓上第三》

注解：① 子柳：鲁国人。② 子硕：子柳的弟弟。③ 具：指准备丧葬的器具。④ 粥（yù）：通"鬻"，卖。⑤ 庶弟：父亲的妾所生的年幼的儿子。⑥ 如之何：怎么。⑦ 赙（fù）布：送给丧家助葬的钱帛。⑧ 家：充作家用。⑨ 班：分发。

今译

子柳的母亲去世了，子硕请求准备丧用器具。子柳说："用什么来备办（这些器具）呢？"子硕回答说："请把庶弟的母亲卖了。"子柳说："怎么可以卖掉别人的母亲来安葬自己的母亲呢？不可以。"安葬之后，子硕想用别人送来助葬的钱帛备办祭祀器物。子柳说："不可以。我听说：君子不把用来办丧事的钱财充作家用，还是让我把它分发给兄弟中贫穷的人吧。"

原文

成子高①寝疾。庆遗②入请③曰:"子之病革矣,如至乎大病④,则如之何?"子高曰:"吾闻之也:'生有益于人,死不害于人。'吾纵生无益于人,吾可以死害于人乎哉⑤?我死,则择不食之地⑥而葬我焉。"

——《礼记·檀弓上第三》

注解:① 成子高:齐国大夫。② 庆遗:齐国人。③ 请:这里指询问。④ 大病:重病。这里婉指死亡。⑤ 乎哉:表反问。⑥ 不食之地:不长庄稼的土地。

今译

成子高病重。庆遗进来询问说:"您的病已很危急了,如果到了不治的地步该怎么办呢?"子高说:"我听说:'人活着要对人有益,死了也不要危害别人。'我纵然活着时对人无益,死后怎能危害于人呢? 我死之后,就找一块不长庄稼的土地埋葬我吧。"

释义

面临死亡,人的反应各自不同,其境界也有高下之别。曾子临死前要求换掉华丽的卧席就是要以言行维护他所信奉的"礼"——不是大夫的身份不得受大夫的礼遇。为了维护自己的信念,他慎终如始,严于律己,直至去世。而不食"嗟来之食"者绝不低三下四地接受别人的施舍,哪怕是自己饿死,表示了对气节的看重,对人的尊严的坚守。因为施舍者的行为举止是不合礼的,所以他宁愿合礼而死,也不愿屈辱地活下去。

仁者,爱人。卖掉庶子之母办理丧事,是不够人道的事情。而使用丧礼费用置办祭祀礼器则显然是不够敬重,违反了礼数。古代以活人殉葬也是极其不人道的,违反了儒家仁爱之道,也不合礼仪,因此古代一些士人极力反对,主张禁殉。孔子说"始作俑者,其无后乎"。可谓言辞激烈地对首先主张殉葬的人做出批评,也斥其为"非礼也"。而成子高的境界显然更高,他认为,做人应当替他人着想,有益于他人,牺牲自我,哪怕是死了也不危害人,宁愿把自己埋在不长庄稼的地里。相比之下,这也应该是一种高尚无私的品德吧。

二、居丧之礼

原文

居丧以礼:毁瘠①不形,视听不衰,升降不由阼阶②,出入不当门隧③。居丧之礼:头有创则沐,身有疡④则浴,有疾则饮酒食肉,疾止复初。不胜丧,乃比于不慈不孝。五十不致⑤毁,六十不毁,七十唯衰麻⑥在身,饮酒食肉,处于内⑦。

——《礼记·曲礼上第一》

注解:① 瘠(jí):消瘦,瘦弱。② 阼阶:是主人出入厅堂时所走的台阶。由于丧期思父,所以不走阼阶。③ 门隧:指门正中的路。④ 疡:通"痒"。⑤ 致:到达极点。⑥ 衰(cuī)

麻：泛指丧服。⑦内：室内。七十岁年老，可不必住在搭在外面的丧事棚中。

今译

孝子行居丧之礼：不可因哀伤而消瘦，毁伤形体，视力、听力不可下降。不走家长常走的台阶，进出不经过当中的甬道。居丧之礼：头上有疮，可以洗头；身上发痒，可以洗澡。有病的话可以吃肉喝酒，病愈后就要恢复当初居丧之礼。不能承受丧事(而病倒)，等同于不慈不孝。五十岁的人可不哀伤以免毁伤身体；六十岁，可不哀伤以免影响健康；七十岁的人(服丧)，只需穿丧服，可以喝酒吃肉，可住在室内。

原文

知生者吊①，知死者伤②。知生而不知死③，吊而不伤；知死而不知生，伤而不吊。

——《礼记·曲礼上第一》

注解：①吊：吊唁之词。②伤：悲悼。③知生而不知死：认识死者的亲属而不认识死者。

今译

和死者家属相识的就慰问，与死者相识的就去哀悼。认识死者的亲属而不认识死者，只慰问而不用哀悼；认识死者而不认识死者亲属的，就只哀悼而不慰问了。

原文

吊丧弗能赙①，不问其所费②。问疾弗能遗③，不问其所欲。见人弗能馆④，不问其所舍。赐人者不曰来取，与人者不问其所欲⑤。

——《礼记·曲礼上第一》

注解：① 赙(fù)：给予钱财上的帮助。② 费：钱财上的花费。③ 遗(wèi)：馈赠。④ 馆：提供住处。⑤ 问其所欲：问他是否想要。

今译

慰问丧家，如果不能提供钱财帮助就不要问他们花费多少。看望病人，如果没什么东西赠送就不要问需要什么。接待来客，如果不能提供住处就不要问他住在哪里。赠送物品给人不要叫人来拿，送东西给人就不要问人家是否想要。

原文

适墓不登垄，助葬必执绋①。临②丧不笑。揖人必违③其位。望柩不歌。入临不翔④。当食不叹。邻有丧，春不相⑤；里⑥有殡，不巷歌。适墓不歌，哭日不歌。送丧不由径⑦，送葬不辟途潦⑧。临丧则必有哀色，执绋不笑。临乐不叹。

——《礼记·曲礼上第一》

注解：① 绋（fú）：灵柩车上的绳索。② 临：到达。
③ 违：离开。④ 翔：走路轻松的样子。⑤ 相：古人舂
（chōng）米时有专门的歌声相配。⑥ 里：邻里。⑦ 不由径：
不走偏僻小路。⑧ 途潦：路上的水坑。

今译

到了墓地时不要登上坟冢，帮助送葬就要挽柩车的大绳。
参加丧礼不可嬉笑。与人作揖要离开原来位置。看到柩车不要
唱歌。到丧家哀悼，走路不可若无其事。面对饭食不叹息。邻
居有丧事，舂米时不唱歌；邻里有丧事，就不在巷子里唱歌。到
墓地去不唱歌，吊唁之日不唱歌。送丧不走小路，送葬时不避泥
途水坑。参加丧礼须面带哀伤，挽送柩车不可嬉笑。在欢乐场
合不可叹气。

原文

居丧未葬，读①丧礼；既葬，读祭礼；丧复常②，读乐
章。居丧不言乐，祭事不言凶，公庭不言妇女。

——《礼记·曲礼下第二》

注解：① 读：研究之意。② 复常：回到正常的生活。

今译

守丧还没有出葬前研读有关丧礼之书，已经安葬后研读有
关祭礼之书；丧礼结束后恢复正常生活，可以诵读有关诗乐的
书。守丧期间不谈欢乐之事，祭祀时不谈凶事，在公庭上不谈论

女人。

原文

子路曰："伤哉，贫也！生无以为养，死无以为礼也。"孔子曰："啜菽①饮水尽其欢，斯之谓孝；敛首足形，还②葬而无椁③，称④其财，斯之谓礼。"

——《礼记·檀弓下第四》

注解：① 啜菽：啜（chuò），吃。菽（shū），大豆。② 还（xuán）：通"旋"，立即，马上。③ 椁（guǒ）：套在棺外的外棺。④ 称（chèn）：符合，相当。

今译

子路说："贫穷是多么令人难过啊！（亲人）在世时没什么东西用来奉养，死了后又没有什么钱用来举行丧礼。"孔子说："吃豆粥，喝清水，只要能使父母开心，这就是孝；（亲人死后）收殓时（因贫穷）仅仅能（用布）包裹住他们的头、脚、形体，马上就埋葬还没有外棺，但只要丧事与自家财力相称，这就是礼。"

释义

关于古代丧礼要明确的是，它要求人们对逝者及哀者以尊重，在别人悲哀的时候歌唱和嬉笑都是极其不恰当的。丧礼，也并非花费钱财越多越好，只要和自己的财力相称、相当就可以了。丧礼也不是让人越悲痛越好，假如因此而使得自身受到伤害，则并非真正的孝顺，反而是不懂得珍爱父母所给予自己的身体,是真正的不孝。吊丧,需要真诚,自己无力实现的就不要虚情假意地许诺给丧者。吊丧,需要理清楚自己和丧者的关系,按照亲疏远近的关系吊丧才不至于失礼。

《礼记·曲礼上第一》还谈到邻居亲友有丧事时应如何对待的问题,合于礼的做法可以加深邻里关系,避免不必要的争端,同时这也表现了对他人的关心、同情、体恤。当然,这也是个人素质的体现。

第五单元

祭

　　我国古代先民希望通过祭祀仪式表达出虔诚、敬畏之情，通过隆重、庄严的乐舞仪式，丰盛的祭品、祭器，为自身祈祷并表达对天地、神灵的感恩，实现与神灵的沟通，进而得到护佑。

　　后来，人们也祭祀自己的先祖以及为世人作出巨大贡献的贤能者，表示对其敬重与感恩。当祭祀活动为政治所利用后，就强调尊卑、贵贱观念，成为统治者有效治理国家的重要手段之一。

　　本单元选文试图让读者了解祭祀者、祭祀对象、祭祀物品、祭祀礼节、祭祀的作用等。

祭

一、修义藏礼

二、治人重祭

一、修义藏礼

夫圣王之制祭祀也：法施于民则祀之，以死勤事则祀之，以劳定国则祀之，能御大灾则祀之，能捍大患则祀之。

——《礼记·祭法第二十三》

今译

圣王制定祭祀之礼：法能施行于民众的人就祭祀他，为国事忧勤而死的人就祭祀他，立下功劳安定国家的人就祭祀他，能抵御大灾害的人就祭祀他，能在大患难中捍卫民众的人就祭祀他。

原文

故先王秉蓍①龟，列祭祀，瘗②缯③，宣祝嘏辞说，设制度。故国有礼，官有御，事有职，礼有序。故先王患礼之不达于下也，故祭帝于郊，所以定天位也；祀社于国，所以列地利也；祖庙，所以本仁也；山川，所以傧④鬼神也；五祀⑤，所以本事也。故宗祝在庙，三公在朝，三老在学，王前巫而后史，卜筮瞽⑥侑⑦，皆在左右，王中，心无为也,以守至正。故礼行于郊,而百神受职焉;礼行于社,而百货可极焉;礼行于祖庙,而孝慈服焉;礼行于五祀,而正法则焉。故自郊、社、祖庙、山川、五祀,义之修而礼之藏⑧也。

——《礼记·礼运第九》

注解:① 蓍(shī):草名,可入药,古代用来占卜。② 瘗(yì):掩埋。③ 缯(zēng):丝织品的总称。④ 傧:接待,招待。⑤ 五祀:指的是对户、灶、中溜、门、行五种神灵的祭祀。⑥ 瞽(gǔ):乐师。古代乐官以盲者担任。⑦ 侑(yòu):劝人酒食,这里指饮食时陪侍的人。⑧ 藏:归宿,寄托。

今译

因此,先王拿着蓍草和龟甲,安排祭祀,掩埋丝帛,宣讲祝辞,设立制度。于是国家有礼制,官吏有统管,事情有专职,礼制有秩序。先王忧虑礼不能通达天下,因此在南郊祭上天,用来确定天的至尊地位;在国中祭地神,是用来显示大地的物产之利。祖庙的祭祀是本着表达仁爱之心;祭祀山川目的是敬待鬼神;祭祀户、灶、中溜、门、行五神,是向创造这些事物的先人致敬。所以,宗祝在庙里帮助君王行礼,三公在朝谈论其道,三老在学校授学,君王前有接待鬼神的巫官,后有记录言行的史官,卜筮、乐师和侑都守在身旁,君王处于中心,无须操劳杂务,来保持最纯正的态度。在郊外行礼,那么天之群神就各司其职;在社中行礼,大地的各种物资物产就可以极尽其用;在祖庙里行礼,那么孝顺、慈爱就可施行;在五祀行礼,法则就可以匡正。因此,在郊、社、祖庙、山川、五祀进行祭祀的仪式,可以说都修治了义,而礼又寄托在其中。

原文

临祭不惰。祭服敝①则焚之,祭器敝则埋之,龟笑②敝则埋之,牲死则埋之。

——《礼记·曲礼上第一》

注解:① 敝:破旧。② 龟笑:占卜用的龟甲。笑(cè),同"策"。

今译

参加祭祀时不要懈怠、懒惰。祭祀服破旧了就要焚烧了它,祭祀用的器物坏了就要埋掉它,占卜用的龟笑坏了就要掩埋了它,祭祀时用的牲畜死了就要埋掉它。

原文

天子祭天地,祭四方,祭山川,祭五祀,岁遍①。诸侯方祀②,祭山川,祭五祀,岁遍。大夫祭五祀,岁遍。士祭其先③。

——《礼记·曲礼下第二》

注解:① 岁遍:一年祭祀一次。另一说为一年祭遍。② 方祀:祭祀国家所在的方位。③ 先:祖先。

今译

天子祭祀天地、四方、山川和五祀之神，一年祭祀一次。诸侯祭祀国家所在的方位，祭山川和五祀之神，一年祭祀一次。大夫祭祀五祀神，一年祭祀一次。士人祭祀他们的祖先。

原文

凡祭，有其废之，莫敢举①也；有其举之，莫敢废也。非其所祭②而祭之，名曰"淫祀"。淫祀无福。

——《礼记·曲礼下第二》

注解：① 举：再次举行（祭祀）。② 非其所祭：不是自己应该祭祀的神灵。

今译

凡是祭祀，有废止的就不敢再次举行；有已经举行祭祀的就不能废止。不是应该祭祀的而进行祭祀就是无节制的祭祀，这被称为"淫祀"。这种无节制的祭祀不会带来福祐。

原文

天子以牺①牛，诸侯以肥牛，大夫以索②牛，士以羊豕。支子③不祭，祭必告于宗子④。

——《礼记·曲礼下第二》

注解：① 牺：指毛色纯。② 索：选择。③ 支子：嫡长子以下的众子，包括妾所生的儿子。④ 宗子：指嫡长子。

今译

天子(祭祀)用毛色纯一的牛，诸侯(祭祀)要用肥美的牛，大夫(祭祀)则选择普通的牛，士人(祭祀)用羊、猪。庶生子孙不能主持祭祀，如果要祭祀也必须告请嫡长子。

原文

天子死曰崩，诸侯曰薨，大夫曰卒，士曰不禄，庶人曰死。在床曰尸，在棺曰柩。羽鸟曰降，四足曰渍。死寇曰兵。

祭王父曰皇祖考，王母曰皇祖妣。父曰皇考，母曰皇妣，夫曰皇辟。生曰父、曰母、曰妻，死曰考、曰妣、曰嫔。寿考曰卒，短折曰不禄。

——《礼记·曲礼下第二》

今译

天子死叫崩，诸侯死叫薨，大夫死叫卒，士死叫不禄，庶人死就叫死。死人在床叫做尸，装在棺材中叫做柩。有羽毛的鸟死叫做降，四脚动物的死叫做渍。抵御敌寇而死叫做兵。

祭祀祖父称皇祖考，祭祀祖母称皇祖妣，祭祀父亲称皇考，祭祀母亲称皇妣，祭祀丈夫称皇辟。在世时称父亲、母亲、妻子，死后就称考、妣、嫔。老死叫做卒，短命夭折叫不禄。

释义

　　祭祀仪式起源于早期居民对自然界、神灵的崇拜和祈福。他们希望通过这些活动来防止危害，保障生存、繁衍。当时的人们对自然界和人类自身的认识比较浅薄，认为自然界处处存在神灵，日月星辰、四季变幻、寒来暑往等都有神灵主宰，进而对自然界产生了敬畏，并产生了各种崇拜。

　　后来，祭祀逐渐纳入了政治体系，统治阶级根据自身需要，对其进行加工和改造，借此强化自己的权威，实现了有利于统治的目的。

　　祭祀开始还强调等级观念、尊卑贵贱之别，能否有资格参与祭祀更是一个人地位的表现，比如庶生子孙就没有资格主持这一神圣活动，即便要祭祀也要报告宗子。另外在祭祀礼中，祭祀的对象不同，所用的祭品也各自不同。

二、治人重祭

原文

　　凡治人之道，莫急于礼。礼有五经①，莫重于祭②。夫祭者，非物自外至者也，自中出生于心也；心怵而奉之以礼。是故唯贤者能尽祭之义。

　　贤者之祭也，必受其福，非世所谓福也。福者，备也；备者，百顺之名也。无所不顺者，谓之备。言内尽于己，而外顺于道也。忠臣以事其君，孝子以事其亲，其本一也。上则顺于鬼神，外则顺于君长，内则以孝于亲。如此之谓备。唯贤者能备，能备然后能祭。是故贤者之祭也，致其诚信与其忠敬，奉之以物，道③之以礼，安之以乐，参之以时，明荐之而已矣，不求其为。此孝子之心也。

祭者，所以追养继孝也。孝者，畜④也。顺于道，不逆于伦，是之谓畜。是故孝子之事亲也，有三道焉：生则养，没则丧，丧毕则祭。养则观其顺也，丧则观其哀也，祭则观其敬而时也。尽此三道者，孝子之行也。

——《礼记·祭统第二十五》

注解：① 礼有五经：即吉、凶、宾、军、嘉五礼。② 祭：属吉礼。③ 道：通"导"。④ 畜（xù）：奉行祭祀。

今译

凡管理百姓的办法，没有比礼更重要的了。礼有五种，没有比祭礼更重要的了。祭祀之礼，不是借外物从表面上做出来的，而是发自人的内心，内心敬畏而依礼奉行祭祀，所以只有贤德的人才能充分理解和体现祭祀的意义。

贤德的人祭祀，一定能受到赐福，但并不是世人所说的那种福。福，就是完备的意思，完备，就是凡事都能顺利进行的别称。没有什么事是不顺利的，这就叫做完备。也就是说，对内能尽自己的心意，对外能顺从道义。忠臣用顺来为国君做事，孝子用顺来侍奉双亲，这二者从根本上是一致的。对上顺应鬼神，对外顺应长官命令，对内顺应并孝敬双亲，这就叫做完备。只有贤能的人才能达到完备（的境界），能做到完备然后才能举行祭祀。

因此,贤者的祭祀就是表达自己的诚信和忠敬,敬献祭品,用礼来作导向,用乐来安慰神灵,参照时节,只是把干净、明洁的祭品进献给神罢了,并不为求得神灵的赐福,这就是孝子的心思。

祭祀就是追补生时的供养,继续生时的孝道。孝,从音训上说就是畜的意思。顺从道义而不悖逆伦常就叫做畜。因此孝子侍奉双亲有三条原则:父母在世时好好奉养,去世了就要为其服丧,服丧过后就要举行祭祀。奉养父母亲要看他是否有孝顺之心,服丧就要看他是否具有悲痛之情,祭祀就要看他是否恭敬、合乎时宜。尽力做到这三点就是孝子的行为了。

原文

夫祭之为物大矣,其兴物备矣。顺以备者也,其教之本与。是故君子之教也,外则教之以尊其君长,内则教之以孝于其亲。是故明君在上,则诸臣服从;崇事宗庙社稷,则子孙顺孝。尽其道,端其义,而教生焉。是故君子之事君也,必身行之,所不安于上,则不以使下;所恶于下,则不以事上。非诸人,行诸己,非教之道也。是故君子之教也,必由其本,顺之至也,祭其是与。故曰:"祭者,教之本也。"

夫祭有十伦焉:见事鬼神之道焉,见君臣之义焉,见父子之伦焉,见贵贱之等焉,见亲疏之杀焉,见爵赏之施焉,见夫妇之别焉,见政事之均焉,见长幼之序焉,见上下之际焉。此之谓十伦。

——《礼记·祭统第二十五》

今译

　　祭礼是非常重大的。为了举行祭祀而敬献的祭品相当完备。祭祀活动顺情顺理又祭品完备,大概这就是教化的根本吧。因此,君子对人进行教化,对外就教导人尊敬国君、长官,对内则教导人孝顺双亲。因此,圣明的君主在上,那么臣下们就会服从;恭敬地举行宗庙、社稷的祭祀,那么子孙们就会孝顺。尽心于尊君、孝亲之道,端正君臣大义,而后政教就产生了。因此,君子侍奉君王,必须亲自实行,让君王不安定的事,就不让下属们去做;下属们所憎恶的,就不要用来侍奉君王。非议别人,自己却去这样做,这不是教化之道。因此,君子的教化必须从根本做起,这才是最合乎情理,祭祀大概就是吧。因此说:"祭祀就是教化的根本。"

　　祭祀有十种人伦(的意义):它可以体现侍奉鬼神的方式,可以体现君臣之间的大义,可以体现父子之间的伦常,可以体现地位高低的等级,可以体现人们亲疏关系的差别,可以体现爵位和赏赐的施行,可以体现夫妇间的区别,可以体现政治事务的公平,可以体现长幼之间的次序,可以体现上下级之间的关系。这就是(祭祀所体现出的)十种人伦意义。

释义

　　这一节内容主要讲的是祭祀礼仪的大致意义及其重要性。早期儒家认为,五礼之中,祭祀礼是最重要的,而且是管理百姓的有效方法。它具有十多种人伦意义,祭礼的意义主要是在于敬奉父母、遵守孝道。《礼记》中说,父母在世时,就要全心尽力地赡养;父母死后,要恭敬地祭祀,做到终身都不可使父母的声名受到辱没。这种信念当要陪伴终身,绝不能遗忘父母的忌日。

　　儒家认为,孝子无论是在家庭里还是在社会中,都要从诸多方面约束自己的行为,坚持端庄、忠诚、敬业、尽职、诚信和勇敢的道德信念,这也是孝子对父母尽孝。此外,还要不使父母蒙羞受辱、遭受灾难,这也是人子所必须坚持的原则。由此可见,祭礼具有更为广泛而深刻的意义。

第六单元

乡　燕

　　乡饮酒礼也就是乡大夫宴请宾客之礼，有尊贤养老之意，并且能使国人受到教化，"成教而后国可安也"，意思就是这种尊贤养老的教化风气形成了，国家也就安定了。

　　"燕"，即"宴"，"燕礼"即"宴礼"。本单元节选《礼记·乡饮酒义第四十五》，既有对乡饮酒礼仪细节的一些记录，同时也阐明了这一活动的意义和作用。所节选《礼记·燕义第四十七》，主要想使读者理解燕礼的意义所在，如它可以明嫌疑，明君臣之义，明贵贱之别，使得上下相亲相敬，和而不怨等。

一、尊贤养老

二、君臣明义

一、尊贤养老

原文

乡饮酒之礼①：六十者坐，五十者立侍，以听政役②，所以明尊长也。六十者三豆③，七十者四豆，八十者五豆，九十者六豆，所以明养老也。民知尊长养老，而后乃能入孝弟。民入孝弟，出尊长养老，而后成教，成教而后国可安也。君子之所谓孝者，非家至而日见之也，合诸乡射，教之乡饮酒之礼，而孝弟之行立矣。孔子曰："吾观于乡，而知王道④之易易也。"

主人亲速⑤宾及介，而众宾自从之。至于门外，主人拜宾及介，而众宾自入；贵贱之义别矣。三揖至于阶，三让以宾升，拜至、献酬、辞让之节繁。及介省矣。至于众宾升受，坐祭，立饮，不酢而降：隆杀之义辨矣。工入，升歌三终⑥，主人献之；笙入三终，主人献之；间歌⑦三终，合乐三终。工告乐备，遂出。一人扬觯，乃立司正焉⑧，知其能和乐而不流⑨也。宾酬主人，主人酬介，介酬众宾，少长以齿，终于沃洗者⑩焉。知其能弟长而无遗矣。降，说屦⑪升坐，修爵无数。饮酒之节，朝不废朝，莫不废夕。宾出，主人拜送，节文终遂焉。知其能安燕而不乱也。贵贱明，隆杀辨，和乐而不流，弟长而无遗，安燕而不乱，此五行者，足以正身安国矣。彼国安而天下安。

故曰:"吾观于乡,而知王道之易易也。"

乡饮酒之义:立宾以象天,立主以象地,设介、僎⑫以象日月,立三宾以象三光。古之制礼也,经之以天地,纪之以日月,参之以三光,政教之本也。

——《礼记·乡饮酒义第四十五》

注解:①乡饮酒之礼:此处指腊祭时乡党民众饮酒,表明长幼有序。②政役:乡饮酒礼上的有关差事。③豆:盛器。④王道:仁义之道。⑤亲速:亲自到家邀请。速,召请。⑥终:演唱歌曲的一遍为一终。⑦间歌:间,交替。歌唱一曲,吹奏一曲,两者交替进行。⑧一人扬觯(zhī),乃立司正焉:主人之吏举起觯献给宾,设立司正,作为旅酬礼的监礼。觯,一种盛酒的器皿,似樽而小。⑨流:失礼。⑩沃洗者:负责侍候主人和宾洗涤、沃盥的人。⑪说屦:说,通"脱"。屦,鞋。⑫僎(zūn):赞礼之人。

今译

在乡饮酒礼上,六十岁以上的人坐着,五十岁以下的人站着侍候以听从差遣,这样来表明对长者的尊敬。六十岁的人席前设三豆,七十岁的人设四豆,八十岁的设五豆,九十岁的设六豆,这样来表明奉养老人。民众只有知道了要尊敬长者和奉养老人,而后才能在家中孝顺父母和尊敬兄长。民众能在家中孝顺父母和尊敬兄长,出外又能尊敬长者和奉养老人,而后能得到教化成功,教化成功而后国家才可以安定。君子所说的孝,并不是到各家各户,每天见面加以教导,而是集合民众参加乡射礼,并通过乡饮酒礼进行教育,孝悌的德行就这样树立起来了。孔子说:"我参观乡饮酒礼,从而知道以仁义为核心的治国之道是很容易推行的。"

主人亲自前往邀请宾和介(即副宾),众宾都跟从宾、介而来;到达庠(乡学)门外,主人拜请宾、介入门,众宾客随之进门;贵贱有别的意思就由此得到体现。宾主之间互行三次揖礼到达堂阶前,再相互谦让三次之后主人与宾客上堂,接着主人还要向宾行拜至礼,向宾献酒并互相酬酢,还有各种推辞和谦让的仪节都十分繁缛,与介行礼时就可简略了;到了去向堂下的众宾献酒时,众宾依次到西阶上接受献酒,然后在西阶上坐下开始用酒行食前祭礼,再站起来将杯中酒饮干,并不酢酒回敬主人,就下堂去了:由此,行礼时该隆重和该减轻的原则就清楚了。乐工进来,升堂唱三首歌,然后主人向乐工们献酒;接着笙工进来,吹奏三支乐曲,然后主人向笙工们献酒;接着歌唱和吹笙交替进行,唱三首歌,再吹三支曲;然后歌唱和乐器合作,演唱三首。之后乐正向宾报告乐歌演唱完毕,乐工们便出去了。一人举觯,于是主人设立司正,因此知道乡饮酒礼可以使人和乐欢洽而又不流于放纵失礼。宾向主人进献酬酒,主人向介进献酬酒,介又向众宾之长进献酬酒,以下按年龄长幼依次递减相进酬,一直到负责为宾主洗手洗杯的浇水人员为止,因此知道乡饮酒礼能使年少和年长的各等人都得受惠而无遗漏。然后宾主都下堂,脱鞋,再上堂就座,开始不计其数地递相酬酒。饮酒时间的把握,要使早晨不耽误早朝,傍晚不耽误夕见。宾退出,主人行拜礼相送,乡饮酒的礼仪就此结束,可知乡饮酒礼能使人安乐而不乱。贵贱的区别分明,行礼隆重或减轻的原则清楚,能使人和乐而不放纵逾矩,年少的和年长的都受惠而无遗漏,使人安乐而不乱,这五项,就足以端正自身并安定国家了。国家都安定了,那天下也就安定了。所以孔子说:"我参观乡饮酒礼,从而知道王道的教化也是很容易推行的。"

乡饮酒礼的意义是:设立宾以象征天,设立主人以象征地,设立介、撰以象征日月,设立三宾长以象征三光,即大火、线、北极三大星辰。古代制定礼以天地为经纶,以日月为纲纪,以三光为参照,这就是政教的根本。

释义

乡饮酒礼这一仪式源于氏族公社以尊老养老为目的的会食、聚餐制度。

《礼记·射义第四十六》中说:"乡饮酒之礼者,所以明长幼之序也。"意思是说乡饮酒礼的目的是用来表明长幼有序的。此外,还可以区分高低贵贱的地位,以一种普及性的道德实践活动,成就孝悌、尊贤、敬长、养老的道德风尚,达到德治教化的目的。

二、君臣明义

原文

诸侯燕礼之义:君立阼阶之东南,南乡尔卿、大夫,皆少进,定位也;君席阼阶之上,居主位也;君独升立席上,西面特立,莫敢适①之义也。设宾主,饮酒之礼也;使宰夫②为献主,臣莫敢与君亢礼也;不以公卿为宾,而以大夫为宾,为疑也,明嫌之义也;宾入中庭,君降一等而揖之,礼之也。

君举旅于宾,及君所赐爵,皆降再拜稽首,升成拜,明臣礼也；君答拜之，礼无不答，明君上之礼也。臣下竭力尽能以立功于国，君必报之以爵禄，故臣下皆务竭力尽能以立功，是以国安而君宁。礼无不答，言上之不虚取于下也。上必明正道以道民，民道之而有功，然后取其什一，故上用足而下不匮也；是以上下和亲而不相怨也。和宁，礼之用也，此君臣上下之大义也。故曰："燕礼者，所以明君臣之义也。"

席：小卿次上卿，大夫次小卿③，士、庶子以次就位于下。献君，君举旅行酬而后献卿；卿举旅行酬，而后献大夫；大夫举旅行酬，而后献士；士举旅行酬，而后献庶子。俎、豆、牲体、荐、羞，皆有等差，所以明贵贱也。

——《礼记·燕义第四十七》

注解：① 适(dí)：通"敌"，匹敌，相当。② 宰夫：负责膳食的官员。③ 小卿：小司徒，小司马。

今译

诸侯举行燕礼的意义是：君站在阼阶下的东南边，面朝南楫请卿、大夫们进前，卿、大夫们就都稍进前，这是为了确定卿、大夫们在燕礼上的位置地位。君的席布设在阼阶之上，这是表示君处于主人的位置。君独自上堂站在席位上，且面朝西独自站立，这是表示没有人敢与君匹敌。设立宾主是饮酒礼仪的需要。使宰夫做献酒的主人，是因为臣子中没有人敢同君对等行礼。不用公卿做宾，而用大夫做宾，因为公卿地位尊贵，用公卿作宾，就容易产生君臣匹敌的嫌疑，这体现了明别嫌疑的意思。宾进来走到庭中时，君走下一级台阶并揖请他上堂，这是表示礼敬宾。

君为宾客举酒行旅酬礼，凡接受君赐酒的，都要下堂行再拜稽首礼，受赐者再上堂再拜稽首以成拜礼，这是表明臣对君应有的礼数；君要回礼答拜，这是表明对于任何人的礼没有不回礼的，同时也是表明君对臣应有的礼数。臣下为国竭尽所能建功立业，君一定要用爵位和俸禄对臣子加以报答，因此做臣下的都能致力于建功立业，所以国家安定且国君安宁。君对于别人的礼没有不回礼的，是表明君从不白白向下索取。君必须彰明正道以此来教导民众，民众遵循教导并有所收获，然后君才能向民众按十分之一的税率收取赋税，因此政府的用度充足而下面的民众生活也不匮乏，所以能够上下和睦且不相怨恨。和睦安宁，是运用礼的结果，这是君臣上下都应明白的大义。因此说："燕礼，是用来彰明君臣关系的礼义。"

设置席位：上卿在宾席东面，小卿在西面，当中隔着宾，大夫席位又在小卿的西边。然后士和庶子依次在阼阶下就位。主人向君献酒，接着君为宾举酒行旅酬礼，而后主人再向卿献酒；君为士举酒行旅酬礼，再后主人向庶子官献酒。各人位置前所设的俎、豆、牲肉、脯醢、菜肴，都是依据个人的尊卑等级而有所区别。所有这些都是为了表明贵贱的不同。

释义

《礼记·燕义第四十七》阐释燕礼的意义。按《礼记·射义第四十八》所述，诸侯行射礼，也要先行宴饮之礼。儒家认为，燕礼的意义在于体现上下相尊之义。以诸侯与群臣行燕礼为例，燕礼中设宾主，主即为诸侯国君，宾则为大夫，宾主之间举杯酬答，相互敬酒，就是表明君臣的礼敬："臣下竭力尽能以立功于国，君必报之以爵禄。"宴饮中君臣和乐的场面和气氛，就是为了表现君臣上下相亲而不怨、和睦安宁之义。

第七单元

聘　　射

　　《仪礼·聘礼第八》记述国君派遣大臣到其他诸侯国进行礼节性访问的礼节仪式。聘礼实际就是外交礼仪,在"五礼"中属于"宾礼"。

　　《仪礼·乡射礼第五》中详细记载了古代以乡为范围的射箭比赛大会的礼节仪式。通过这一礼仪活动,组织者可以考察射箭者的德行,选举贤能的人;还可以让参与者在习射和射箭比赛的过程中进行道德实践和体验。

　　本单元所节选《礼记·聘义第四十八》,阐明了聘礼的意义、作用,如致尊让,正君臣,制诸侯,亲父子,和长幼,建礼义,从而使民顺国治。所节选《礼记·射义第四十六》,较为具体、深入地阐述了射礼的意义、作用,如正身心,观盛德,正诸侯,讲礼让,各绎己志,反求诸己等。

聘

聘礼之义

聘 礼 之 义

聘礼，上公七介①，侯伯五介，子男三介，所以明贵贱也。介绍而传命，君子于其所尊弗敢质②，敬之至也。三让而后传命，三让而后入庙门，三揖而后至阶，三让而后升，所以致尊让也。

——《礼记·聘义第四十八》

注解：① 介：指辅助人员。② 质：怠慢。

今译

举行聘问之礼时，公爵国家用七个为宾主传话的介，侯爵、伯爵国家用五个介，子爵、男爵之国用三个介，所以通过用介数量的多少可以分出贵贱。使介一个接一个地传达聘君的命令，因为君子不敢对所尊重的人有所怠慢，这是最尊敬的表示。宾客推让三次然后侍者再传命，推让三次然后入庙门，揖拜三次后走至阶前，又推让三次后上阶，是对主人极其尊敬谦让的表示。

原文

君使士迎于竟①，大夫郊劳②。君亲拜迎于大门之内而庙受③，北面拜贶④，拜君命之辱，所以致敬也。敬让也者，君子之所以相接也。故诸侯相接以敬让，则不相侵陵⑤。

注解：① 竟：边境地方。② 劳：慰问。③ 庙受：在庙中接受使者所传的来意。④ 贶（kuàng）：赠，赐。⑤ 侵陵：侵略，欺凌。

今译

主君派遣士做官员在边境迎接聘使，还遣使大夫在郊外慰问他们。聘使到达后，主君亲自在大门拜迎，然后在庙中接受使者所传的来意，面朝北拜受使者带来的礼物，拜谢使者的主君特遣他们前来的盛意。这些都是用来表达谦让之情的。尊敬和谦让，是君子交往的方法。所以诸侯之间彼此以敬让之心交往，就不会互相侵略欺凌。

原文

卿为上摈，大夫为承摈，士为绍摈。君亲礼宾①，宾私面②，私觌③，致饔饩④，还圭璋，贿赠、飧食燕，所以明宾客君臣之义也。

——《礼记·聘义第四十八》

注解：① 君亲礼宾：主君亲自执甜酒敬宾。② 宾私面：宾客以个人身份私自会见主国的卿大夫。③ 私觌（dí）：以个人身份私自进见主国之君。④ 致饔（yōng）饩（xì）：向人致送熟肉和生牲。

　　主君迎聘使时,用卿为上摈,用大夫为承摈,士为绍摈。行聘结束,主君亲自拿着甜酒敬宾客,宾客以个人身份会见主国的卿大夫和主国之君。主君又遣使卿致送熟肉和生牲,退还宾的信物玉器,同时用束纺赠给宾。此外,主君还以飨礼、食礼及燕礼接待宾。这些都是用于表明宾与主、君与臣之间的道义的。

原文

　　故天子制诸侯:比年小聘,三年大聘,相厉①以礼。使者聘而误,主君弗亲飨食也,所以愧厉之也。诸侯相厉以礼,则外不相侵,内不相陵。此天子之所以养诸侯,兵不用而诸侯自为正之具②也。

——《礼记·聘义第四十八》

　　注解:① 相厉:相互勉励。② 正之具:自相匡正的工具。

　　因此天子对诸侯定下制度:规定诸侯每年要派大夫为正使互行小聘,三年派卿为正使互行大聘,如此一来能使他们之间以礼互相勉励。如果使者来聘问时,礼节有差池,主君就不亲自对使者行飨食之礼,这样使来聘问的人感到惭愧,从而自知勉励改正。诸侯间若能以礼互相劝勉,对外就不会侵略,对内就不会互相欺凌了。聘礼就是天子用来教养诸侯，不需动武就能使诸侯都自相匡正的工具。

原文

以圭璋聘，重礼也；已聘而还圭璋，此轻财而重礼之义也。诸侯相厉以轻财重礼，则民作让^①矣。主国待客，出入三积，饩客于舍，五牢之具陈于内，米三十车，禾三十车，刍薪倍禾，皆陈于外，乘禽日五双，群介皆有饩牢^②，壹食，再飨，燕与时赐无数，所以厚重礼也。古之用财者，不能均如此，然而用财如此其厚者，言尽之于礼也。尽之于礼，则内君臣不相陵，而外不相侵。故天子制之，而诸侯务焉尔。

——《礼记·聘义第四十八》

注解：① 作让：指兴起谦让之风。作，兴起。让，谦让。
② 饩牢：生牲，指生食。

今译

用圭璋这样的物品作为聘，是重礼的表示；聘问过后，主人就将圭璋归还给宾，这是轻视财物而重视礼的表示。诸侯间能以轻财重礼的道理互相勉励，他们的人民也就会兴起谦让之风了。作为主人的国家对待客人时，无论入境、出境，都将刍米之类的物品致送三次，送熟肉和生牲到客人所住的馆舍，将五牢摆在宾馆大门内，另供应三十车米、三十车禾给徒卒，刍薪粮草则更加倍，以供给马，这些都陈列在宾馆的门外。又每日送鹅、鸭禽类五对。一般做陪客的都是有生牲的。在朝廷上举行食礼一次,飨礼两次。而在寝宫举行的燕礼,以及随时赏赐的食物,就没有一定的数目了,这都是由于尊重聘礼的缘故。古时对财物的使用并非事事都这样丰厚,但聘礼上用财,则绝不吝惜,这是为了极尽于礼。能够极尽于礼,然后在国内就不会有君臣相欺凌,对外就不会有诸侯相侵略讨伐的事发生。所以天子创立这种礼制,而且诸侯也都致力于实行。

原文

聘射之礼,至大礼①也。质明而始行事,日几中而后礼成②,非强有力者弗能行也。故强有力者,将以行礼也。酒清,人渴而不敢饮也;肉干,人饥而不敢食也;日莫③人倦,齐庄正齐④,而不敢解⑤惰,以成礼节,以正君臣,以亲父子,以和长幼,此众人之所难,而君子行之,故谓之有行。有行之谓有义,有义之谓勇敢。故所贵于勇敢者,贵其能以立义也;所贵于立义者,贵其有行也;所贵于有行者,贵其行礼也。故所贵于勇敢者,贵其敢行礼义也。故勇敢强有力者,天下无事,则用之于礼义;天下有事,则用之于战胜。用之于战胜则无敌,用之于礼义则顺治;外无敌,内顺治,此之谓盛德。故圣王之贵勇敢强有力如此也。勇敢强有力而不用之于礼义战胜,而用之于争斗,则谓之乱人。刑罚行于国,所诛者乱人也。如此则民顺治而国安也。

——《礼记·聘义第四十八》

注解：① 至大礼：最大的礼。这是就礼仪之繁缛和行礼时间之长而说的。② 礼成：指正礼部分完成。全部礼仪完成要到日暮时分甚至到晚上。③ 莫：通"暮"，黄昏时分。④ 齐（zhāi）庄正齐（qí）：端庄整齐。⑤ 解：通"懈"，懈怠。

今译

聘礼、射礼是最大的礼，天亮就开始行礼，将近中午时礼仪才完成，不是身体强而有力的人不能行这种礼。因此人有强有力的身体，才有条件用来行礼。虽有清酒，人渴了也不能饮用；虽有干肉，人饿了也不敢食用。到了黄昏时分人们都已经疲倦，但仍然保持庄重整齐不敢懈怠，以此来使礼节完成，端正君臣关系，密切父子亲情，协和长幼关系，这是普通众人很难做到，而君子加以实行的，因此称作是有德行。有德行就是有义，有义就是勇敢。因此勇敢的人的可贵之处就在于他能确立义，确立义的可贵之处就在于他能有德行；有德行的人的可贵之处就在于他能实行礼。因此勇敢者贵在他敢于实行礼义。因此勇敢而强有力的人在天下太平时就用来实行礼义，天下动乱时就用来战胜敌人。用于战胜敌人就能天下无敌而所向披靡，用于实行礼义就可以使民众顺从于治理。对外无人可敌，在内顺从治理，这就叫做有盛德。因此，圣王就是如此重视勇敢和强有力。勇敢而强有力，如果不用在实行礼义和战胜敌人上，而用于相互争斗，这叫做乱人，惩处了乱人就更可以使民众顺从治理而国家安定了。

释义

《礼记·聘义第四十八》因该篇主要解释聘礼的意义，故名。郑玄《目录》曰："名曰'聘义'者，以其记诸侯之国交相聘问之礼，重礼轻财之义也。此于《别录》属吉事。"

聘者，访问也。聘礼是西周、春秋战国时期诸侯与诸侯间经常举行的一种外交活动。《周礼·秋官·大行人》曰："凡诸侯之邦交，岁相问也，殷相聘也，世相朝也。"即诸侯之间每年一次访问、称问，隔几年一次称聘，新君聘问他国或他国来聘问称朝。事实上，聘、问、朝三者常通称。一般来说，礼节隆重称聘，差一些称问；大国之臣来聘称聘，小国之君来聘称朝。有时天子派使臣到诸侯国也可称聘，诸侯派使臣朝见天子也称聘。天子与诸侯的外交礼节也称聘，这是广义之"聘"。

《礼记·聘义第四十八》内容有三方面：第一，解释聘礼的意义，这是《聘义》的主体。第二，讲解射、聘礼是大礼，只有身强力壮者才能完美无缺地行完这两种礼的所有礼节，如此则君臣正，父子亲，长幼和，外无敌，内顺治，这是盛德；第三，记孔子为子贡讲玉的美德（本单元从略）。

第八单元

相　　见

《仪礼·士相见礼第三》详细描述了士大夫交往过程中的介绍、礼物、仪态、对答、复见等仪节，可以由此看出古代社会人际交往的伦理道德规范。

其中记载了古代士初次相见之礼。对初次相见，古人十分重视。为初次相见作介绍的人叫作"介"，为初次相见而携带的礼物叫做"挚"。具体分为士相见，见大夫，大夫相见，臣见君及燕于君等。

本单元节选自《仪礼·士相见礼第三》，力求让读者了解古代士、士大夫相见及其见国君时的大致礼仪及其意义。

相

一、士相见礼

二、士见大夫

三、士见于君

一、士相见礼

原文

　　士相见之礼：挚，冬用雉，夏用腒①。左头奉之②，曰：“某也愿见，无由达。某子以命命某见③。”主人对曰：“某子命某见，吾子有辱。请吾子之就家也，某将走见。”宾对曰：“某不足以辱命，请终赐见。”主人对曰：“某不敢为仪④，固请吾子之就家也，某将走见。”宾对曰：“某不敢为仪，固以请。”主人对曰：“某也固辞，不得命，将走见。闻吾子称⑤挚，敢辞挚。”宾对曰：“某不以挚，不敢见。”主人对曰：“某不足以习礼⑥，敢固辞。”宾对曰：“某也不依于挚，不敢见，固以请。”主人对曰：“某也固辞，不得命，敢不敬从！”出迎于门外，再拜。宾答再拜。主人揖，入门右。宾奉挚，入门左。主人再拜受，宾再拜送挚，出。主人请见，宾反见⑦，退。主人送于门外，再拜。主人复见之以其挚⑧，曰：“向者吾子辱使某见。请还挚于将命者⑨。”主人⑩对曰：“某也既得见矣，敢辞。”宾对曰：“某也非敢求见，请还挚于将命者。”主人对曰：“某也既得见矣，敢固辞。”宾对曰：“某不敢以闻，固以请于将命者。”主人对曰：“某也固辞，不得命，敢不从？”宾奉挚入，主人再拜受。宾再拜送挚，出。主人送于门外，再拜。

——《仪礼·士相见礼第三》

　　注解：① 腒(jū)：干山鸡肉。②左头奉之：头向左横捧之。③ 某也愿见……命某见：这是求见者的话。其中"某也愿见，无由达"，"某"为求见者自称。"某子以命命某见"，某子指介绍人的姓名。以命命某见，以主人之命命某来见。④ 不敢为仪：不敢摆出外表的威仪，诚心诚意地愿往拜见。⑤ 称：举。⑥ 某不足以习礼：不敢当此大礼。⑦ 主人请见，宾反见：第一次见，宾主端庄严肃；宾返见后就坐下畅谈，比较随意。⑧ 主人复见之以其挚：复见，主人往宾家回拜。以其挚，拿着宾来见主人时所执之礼物。按照礼节，宾见主人礼毕，主人必还其挚。⑨ 请还挚于将命者：将命者，指传命者或摈相。说还挚于传命者而不直指宾，是一种礼貌的说法。⑩ 主人：主人到宾家，宾主关系对调。

今译

　　士相见的礼仪是：礼物，冬季用雉，夏季用干雉。宾客双手横捧雉，雉头向左，说："在下久欲拜见先生，但无人相通。今某某先生转达先生意旨，命在下前来拜见。"主人的答辞是："某某先生命在下前往拜见您，但先生却屈尊驾临。请先生返家，在下将前往拜见。"宾的答辞是："先生所言，在下实不敢当，还请先生赐见。"主人的答辞是："在下不敢当此威仪，再一次请先生还家，在下将前去拜会。"宾的答辞是："在下不敢摆此威仪，最终还是请先生赐见。"主人的答辞说："在下一再推辞，得不到先生的准许，将出去迎见先生。听说先生携带礼物，实在冒昧辞谢。"宾的答辞是："在下无此礼物，不敢来拜会先生。"主人的答辞说："在下不敢当此崇高的礼仪，冒昧再次辞谢。"宾的答辞是："在下不凭此礼，不敢求见先生，请先生笑纳。"主人的答辞说："在下一再辞谢，得不到先生许可，不敢不敬从！"主人到大门外迎接，两拜。宾答两拜。主人对宾一揖，从门东侧入内。宾客双手捧礼物，从门西侧入内。主人两拜接受礼物，宾两拜送礼物，然后出门。主人邀请宾，宾返回，与主人再一次相见，然后告退。主人送宾至大门外，两拜。主人带着宾所送的礼物到宾家回拜，说："前不久先生辱临敝舍，得以相见。今请将礼物还给传命的人。"主人的答辞说："在下既已得以拜会先生，冒昧辞谢。"宾的答辞是："在下不敢求见先生，只请求还礼物给传命者。"主人的答辞是："在下既已得以拜会先生，冒昧再度辞谢。"宾的答辞说："在下不敢以此小事聒烦先生，只是固请还礼物给传命者。"主人的答辞说："在下一再推辞，得不到准许，哪敢不从命！"宾手捧礼物入内，主人两拜而接受。宾两拜送礼物，然后退出。主人送宾至大门外，两拜。

二、士见大夫

原文

士见于大夫。终辞其挚①。于其入也，一拜其辱也。宾退，送，再拜。

若尝为臣者，则礼辞其挚，曰："某也辞，不得命，不敢固辞。"

宾入，奠挚再拜，主人答壹拜。宾出。使摈者还其挚于门外，曰："某也使某还挚。"宾对曰："某也既得见矣，敢辞。"摈者对曰："某也命某：'某非敢为仪也。'敢以请。"宾对曰："某也，夫子之贱私②，不足以践礼③，敢固辞！"摈者对曰："某也使某（曰），'不敢为仪也'，固以请!"宾对曰:"某固辞,不得命,敢不从?"再拜受。

下大夫相见以雁,饰之以布,维之以索^④,如执雉。上大夫相见以羔,饰之以布,四维之,结于面^⑤,左头,如麛执之^⑥。如士相见之礼。

——《仪礼·士相见礼第三》

注解:① 终辞其挚:即不受其挚;推辞三次为终辞。② 贱私:指古代卿大夫的家臣。③ 不足以践礼:践,行。不足以行宾客还挚之礼。④ 饰之以布,维之以索:以布为衣束其身,以绳索系连其足。⑤ 四维之,结于面:用绳索拴上前足和后足,从腹下交出背上,结之于胸前。⑥ 左头,如麛(mí)执之:麛,小鹿。如献麛那样,头向左,一手执前足,一手执后足。

今译

士拜见大夫的礼仪如下。主人应当推辞三次不接受宾的礼物。宾入内,主人对宾的屈尊驾临一拜表示感谢。宾告退,主人送宾客,拜两次。

曾经做过大夫家臣的公士如果来见,则主人对宾所拿礼物辞谢一番后表示接受,说:"在下辞谢得不到同意,因而不敢再推辞。"

宾入内,放下礼物,两拜,主人一拜答谢。宾退出。主人使摈者至门外归还宾所送的礼物,说:"某某使在下来归还礼物。"宾回答说:"在下既已得拜见夫子,冒昧辞谢。"摈者回答说:"某某命在下说:'在下不敢当此威仪。'冒昧再次请求。"宾回答说:"在下是夫子家的'贱私',不足以行此宾客之礼,冒昧再次辞谢!"摈者回答说:"某某派在下来(说),'不敢当此威仪',容再次请求!"宾回答说:"在下屡次辞谢而得不到准许,安敢不遵命!"两拜接受礼物。

下大夫相见,用雁作为礼物,以布缝衣束其身,用绳索系连其双足。执雁的礼节姿势与执雉相同。上大夫相见，用羊羔作见面礼，以布缝衣为饰，并用绳索拴上羊羔的前足和后足，从腹下交出其背上，在胸前结上绳子。如执小鹿一样，两手执前后足，横捧羊羔，羊头朝左。礼节与士的相见礼相同。

三、士见于君

原文

　　始见于君，执挚至下，容弥蹙①。庶人见于君，不为容②，进退走③。士大夫则奠挚，再拜稽首；君答壹拜。若他邦之人，则使摈者还其挚，曰："寡君使某还挚。"宾对曰："君不有其外臣④，臣不敢辞。"再拜稽首，受。

　　凡燕见⑤于君，必辩⑥君之南面。若不得，则正方，不疑君⑦。

　　君在堂，升见无方阶，辩君所在⑧。

　　凡言，非对也，妥而后传言⑨。与君言，言使臣；与大人言，言事君；与老者言，言使弟子；与幼者言，言孝弟于父兄；与众言，言忠信慈祥；与居官者言，言忠信。凡与大人言，始视面⑩，中视抱⑪，卒视面⑫，毋改⑬。众皆若是。若父，则游目⑭，毋上于面，毋下于带。若不言，立则视足，坐则视膝。

——《仪礼·士相见礼第三》

注解：① 容弥蹙：容貌显得局促不安，表示恭敬。② 不为容：不必行步时表现出尊敬的姿态。③ 进退走：进退要快走。④ 外臣：他国之人称外臣。⑤ 燕见：指私见，非公朝行礼。⑥ 辩：正。君南面为正，臣正北面拜见。⑦ 若不得，则正方，不疑君：方，犹"向"。疑，揣度。⑧ 升见无方阶，辩君所在：升见，升堂见君。无方阶，无一定之阶。⑨ 非对也，妥而后传言：进言时，如果不是因君发问而作答，则必待君安坐后才发言。⑩ 始视面：即开始时要观察其颜色可否进言。⑪ 抱：衣领下至带之间。⑫ 卒视面：最后看其是否听纳己言。⑬ 毋改：在发言至听者答应这段时间内，要端正容体等待，不要改变面色。⑭ 若父，则游目：和父亲说话时，目光可以游动，以观察其身心是否安适。

今译

第一次拜见国君，手里拿着礼物来到堂下时，容貌就更显恭敬诚实，局促不安。庶人见国君，并不讲究姿容，进退只是疾行而已。士大夫则要放下礼物，对君两拜，叩头至地，国君回一拜作答。如果是邻国的人来见，国君命摈者归还礼物，说："寡君使在下来归还先生礼物。"宾回答说："君不以外臣为臣下，臣不敢推辞。"两拜，叩首至地，接过礼物。

凡是个人拜见国君，要在君面朝南时向正北方向叩见，如果君不在正南面的位置，则君或面向东或面向西，臣也必正向叩见，不可揣度君之向位而斜向见君。

君在堂上，臣升堂见君，从哪个台阶上堂没有一定，具体要看君所处的位置，以近君为便。

凡是与君谈话，如果不是回答君主的提问，必定待君安坐之后才发言。与君谈话，所言着重在君使臣之礼；与卿大夫谈话，所言着重于臣事君的尽忠之道；与老者谈话，所言着重在使弟子之事；与年幼者谈话，所言着重在孝顺敬长之节；与众人谈话，所言着重于忠信慈祥之行；与做官的人谈话，所言着重于忠诚信实之义。向卿大夫进言，开始时要看着对方的脸，言毕，目光下移至对方的怀抱，然后再抬头注视对方的面部。进言者要容体端正，不要随意改变面容。诸卿大夫同在时，其仪节亦如此。若是与父亲交谈，目光则可以游动，注视的范围是，向上不要高过面部，下不要低于腰带。如不说话，站立时要注视对方的脚，坐着时则注视对方的膝盖。

释义

《仪礼·士相见礼第三》记述士君子相交接的礼节仪式。本篇首先对士与士初次相见的绍介、礼物、应对、复见等仪节作了详细说明，然后依次述及士见大夫、大夫相见、士大夫见君诸礼仪。所以，此篇所述，实际上并不限于"士"相见之礼。清代学者张尔岐说，士见大夫以下诸仪"皆自士相见推之，故以士相见名篇"。其大意是只要了解了士之间的相见之礼，其他几种都可以由此推测而知了，因此用"士相见礼"来命名。

《礼记·士相见礼第三》十分强调人际交往的伦理道德意义，它说，"与君言，言使臣；与大人言，言事君；与老者言，言使弟子……"由于拜见的对象不同，谈话内容的侧重点也不一样，与君交谈，着重于君使臣之礼；与卿大夫交谈，着重于臣事君之道；与老者交谈，着重于使弟子之礼……虽然所言的侧重点不同，但都以厚德劝善为宗旨。

第九单元
德　行

　　仁德可谓儒家政治理想的重要核心,而圣明君王、君子的典范作用也非常重要,因为民众可以在其修正自身、仁德施政中得到教化,因而可以使得仁义之道顺利实行。所以,儒家力倡从"修身"做起,而"中庸之道"则为其提供了良好的途径和方法。

　　儒家强调内心的修养,恪守中庸之道,遵循礼法规范,建立起一种自身内在修养和外在治理国家、平定天下所统一的人生目标和政治追求,体现了儒家的世界观、人生观。

　　本单元选取《礼记·中庸第三十一》、《礼记·儒行第四十一》内容,试图让读者了解修身对于个人、社会的重要性以及作为一个群体的儒者理想中的品行。

德

中庸之道

中庸之道

天命①之谓性；率性②之谓道，修道③之谓教。道也者，不可须臾④离也，可离非道也。是故君子戒慎乎其所不睹⑤，恐惧乎其所不闻⑥。莫见乎隐，莫⑦显乎微。故君子慎其独⑧也。喜、怒、哀、乐之未发，谓之中⑨。发而皆中节⑩，谓之和⑪。中也者，天下之大本也。和也者，天下之达道也。致中和，天地位焉，万物育焉。

——《礼记·中庸第三十一》

注解：① 天命：指人的天赋，也指命运。② 率性：统率并规范人的自然本性。率，统率，规范。③ 修道：修养率性之道。④ 须臾：片刻，瞬间。⑤ 不睹：此指看不见的地方。⑥ 不闻：听不到的事情。⑦ 莫：没有比什么更加。⑧ 独：独处或独知时。⑨ 中：不偏不倚的状态。⑩ 中节：符合法度。⑪ 和：和谐，不乖戾。

今译

人的天赋与命运就称作性，遵循天性而行事就是道，修养这种道并推广就是教。道是片刻不能离开的，可以离开的就不是道。因此，君子即使在别人看不见的地方也要小心谨慎，在无人听得到的地方也要恐惧敬畏。没有比在隐蔽的地方更容易表现的了,没有比在细微的事情上更容易显露的了,因此君子在独处时一定要慎重。如果喜、怒、哀、乐的情绪没有表露出来,这叫做中。表露出来但合于法度,这叫做和。中是天下最为根本的,而和是天下通达之道。只要达到了中和,天地便各正其位,万物便自然生长发育了。

原文

仲尼曰:"君子中庸①,小人反中庸。君子之中庸也,君子而时中;小人之反中庸也,小人而无忌惮②也。"

——《礼记·中庸第三十一》

注解:① 中庸:中和之道。② 忌惮:畏惧,顾忌。

今译

仲尼说:"君子的言行符合中庸之道,小人则违背中庸之道。君子之所以能中庸,是因为君子随时做到合度适中;小人之所以违背中庸,是因为小人无所顾忌与畏惧,肆意妄为。"

原文

子曰:"中庸其至矣乎! 民鲜①能久矣。"

——《礼记·中庸第三十一》

注解:① 鲜:极少。

今译

　　孔子说："中庸大概是最高、最至上的德行了吧！所以人们极少能持久地做到。（另一说：极少有人能做到，已经很久了。）"

原文

　　子曰："道①之不行也，我知之矣！知者②过之，愚者不及也。道之不明也，我知之矣！贤者过之，不肖者③不及也。人莫不饮食也，鲜能知味也。"

——《礼记·中庸第三十一》

　　注解：① 道：指中庸之道。② 知者：同"智者"，指有超常智慧的人。③ 不肖者：不贤之人。

今译

　　孔子说："中庸之道不能得到实行的原因，我已经知道了！聪明的人自以为是，对道的认识过了头；愚蠢的人又智力不及，不能理解它。中庸之道不能明确彰显的原因，我也已经知道了；贤能的人做得过分了，不贤之人又做不到。就像人们每天都要吃东西，却很少有人能够真正品尝出其中滋味。"

释义

　　《礼记·中庸第三十一》主要内容为谈论中庸之道。儒家反对的是过头或不及，主张中庸、中行，力戒过于片面的言论或行为。然而，实际上孔子的本意并不完全是极力要求发挥中庸思想。孔子的中庸思想是以社会实践为标准的,更重礼义,比如说非礼不得视、听、言、动等。

《礼记·中庸第三十一》第一章为全篇的纲领性篇章,首先提出了性、道、教、中、和五个概念及其相互关系。第二章至第十一章则是子思引用的孔子言论,以进一步阐述首章的中庸之义。

中即适中,不偏不倚,恪守中道,无不及亦无过;庸即常;中庸,即中为常道,也就是说要常守中道而行。儒家认为:"天命之谓性,率性之谓道,修道之谓教。"因此,性、道、教是人生所必不可少的要素。性即天性,是天与自然所赋予的;道为行为准则,是人循性之所行;教,是修养人之道,即教养人之行为应当合乎道义。

关于中庸之道,众多学者认为它是儒家对人的内在心性进行探讨,并由此建立起的一种世界观。儒家立足于所倡导的"修身"之说,强调人性由天赋予,并进而突出人须努力修身方可得"道"的人生目标,告诫人们应当自觉修养天性,在"教"中实现"中庸"之道。但在修道的漫漫征途中,可能受到艰难困惑的困扰,天赋予人的本性也可能使修道之教难以持久。说到底,即是守中之德可能因为种种因素致使难以做到至善至美和至始至终。"中庸"本身也许是完善至极,但是却很少有人能长久地实行它,正所谓"民鲜能久矣"。只有达到"中和"的境界,天地间的万物才能各得其位,万物也才能够孕育生长。这便是中道至和的极高境界。

第十单元

君　臣

中国实行了千百年的君主制，君臣关系也极其微妙，君王自有君王的驭臣之术，臣下也自有臣下的事君之策，两者都在斗争中不断发展，日臻完善。但在君臣关系中首先要明确的是，君王的地位至高无上，不可动摇，臣下对君王要绝对尊敬和服从。其次，臣子侍奉君王要尽职尽责，恪尽职守，小心谨慎，忠心耿耿。另外，臣子不能居功自傲，最好能功成身退，明哲保身。其实，儒家理想中的君臣关系，对于君王也有所要求，虽不敢奢望平等相待，但若君王违背天命、义理，臣子可以拒绝服从。当然，儒家更期望君王能有仁义之心，对臣子以礼相加，如此君臣双方才能和谐相处，治理好国家。

本单元的选文阐释了君臣之间的礼节、各自的职责以及臣下事君的原则和方法等。

君

一、君临天下

二、君死社稷

三、臣下事君

一、君临天下

原文

凡为君使者,已受命^①,君言不宿于家。君言至,则主人出拜君言之辱;使者归,则必拜送于门外。若使人于君所,则必朝服而命之,使者反^②,则必下堂而受命。

——《礼记·曲礼上第一》

注解:① 受命:接受命令。② 反:通"返"。

译文

凡是作为国君的使者,已经接受国君的使命后就不能让国君之命令在家里停留。在国君的命令到达时,主人要出门拜迎传命的使者,谦称君命下达自家对国君是个屈辱;使者回去时,主人要拜送到门外。如果需要派人前往国君的处所请示公务时,必须穿着朝服派遣,所派的人返回时,必须下堂来听受国君的命令。

原文

君命召,虽贱人,大夫、士必自御^①之。介者^②不拜,为其拜而蓌拜^③。祥车旷左^④。乘君之乘车不敢旷左,左必式⑤。

——《礼记·曲礼上第一》

注解：① 自御：亲自出门迎接。② 介者：身上穿铠甲之人。③ 蓌（cuò）拜：指穿着铠甲而拜，形仪不到位。蓌，犹"蹲"。④ 祥车旷左：死者身前所乘之车，在为其送葬之时，要将左边的位子空出来，代表着死者之魂所在之处。⑤ 式：通"轼"，车前横木。俯身凭轼为礼。

译文

如果国君有命令召见，即使派来的人身份较低，被召请的大夫、士人也得亲自出门迎接。身穿盔甲的人不便于跪拜，他们以蹲一蹲身为拜礼。载魂的车空着左方尊位，以代表死者灵魂所在。所以，乘用国君的属车时不敢让尊位空着，但须扶车前轼木为礼。

原文

国君下齐①牛，式宗庙；大夫、士下公门②，式路马。乘路马③，必朝服，载鞭策，不敢授绥，左必式。步④路马，必中道。以足蹙⑤路马刍⑥，有诛；齿⑦路马，有诛。

——《礼记·曲礼上第一》

注解：① 齐：通"斋"。② 下公门：在国君的门前要下车。③ 路马：国君的车马。④ 步：牵车前行。⑤ 蹙（cù）：通"蹴"，踢，踩，践踏。⑥ 刍（chú）：粮草。⑦ 齿：探看马的岁口,计算年纪。

译文

国君乘车经过宗庙时要下车步行,遇到祭牛时要扶轼木行礼;大夫、士乘车经过国君门口时要下车步行,遇到礼车用的驾马时要扶轼木行礼。在乘坐国君的马车时必须穿着朝服,带着鞭,不可以递上登车的绳子,在左边车上站着必须扶轼而立。在牵着礼车用的驾马行走时,必须走中间的大路。凡用脚践踏驾马的粮草的人都要受到责罚;随意探看马的岁口,计算驾马年龄的人也要受到责罚。

原文

大夫、士见于国君①,君若劳②之,则还辟③,再拜稽首④;君若迎拜,则还辟,不敢答拜⑤。

——《礼记·曲礼下第二》

注解:① 国君:在这里指他国的国君。② 劳:赏赐,慰劳。③ 辟(bì):通"避"。躲避,避开。④ 稽(qǐ)首:俯首至地的稽首礼。⑤ 不敢答拜:不与国君抗礼之意。

译文

大夫或士人见到他国国君,国君如果慰劳赏赐他的,要退让到一边回避,俯首至地再拜行稽首礼;如果国君迎接时先拜,就要退身避开,也不能回拜。

原文

凡非吊丧，非见国君，无不答拜者。

大夫见于国君^①，国君拜其辱。士见于大夫，大夫拜其辱。同国始相见，主人拜其辱。君于士，不答拜也；非其^②臣，则答拜之。大夫于其臣，虽贱，必答拜之。

——《礼记·曲礼下第二》

注解：① 国君：这里指的是他国的国君。② 其：自己国家之意。

译文

大凡不是吊丧，不是朝见国君，没有受拜而不答拜的情况。

大夫拜访他国国君，国君拜其屈身来访。士拜见大夫，大夫也拜其屈身来访，同国之人第一次相见，主人要拜其屈身来访。国君对士则不回拜；但若不是自己的臣属，就要回拜。大夫对自己的家臣，即使对方地位低下，也要对他回拜。

原文

君天下，曰"天子"；朝诸侯，分职，授政，任功，曰"予一人"；践阼^①，临祭祀，内事^②曰"孝王某"，外事^③曰"嗣王某"；临诸侯，畛^④于鬼神，曰"有天王某甫^⑤"。崩，曰"天王崩"；复，曰"天子复矣"。告丧，曰"天王登假^⑥"；措之庙,立之主,曰"帝"。天子未除丧,曰"予小子"。生名之,死亦名之。

天子有后,有夫人,有世妇,有嫔,有妻,有妾。

——《礼记·曲礼下第二》

注解:① 践阼:指庙堂等阼阶。② 内事:宗庙祭祀。③ 外事:郊坛祭祀。④ 畛(zhěn):祝告,致意。⑤ 甫:通常指男子的字。⑥ 登假:升天之意。

译文

君临天下的叫"天子";天子在朝堂之上会见诸侯、分派职位并授予政事、委任事功,自称"予一人";站在主人的地位,进行祭祖仪式时称为"孝王某",祭郊、社等外神时称"嗣王某";巡视诸侯国,向鬼神致祭时称"天王某(字)"。天子死,称"天王崩";为天子招魂时,称"天子复矣"。去诸侯国告诉丧事,称"天王登假";将其灵位安置在宗庙里,立牌位称为某"帝"。天子未除去丧服称"予小子"。这样的天子,在世时称"小子王某";此时在服丧时死去,也称"小子王某"。

在天子宫内的女性有王后、夫人、世妇、嫔、妻、妾等。

原文

天子当依①而立,诸侯北面而见天子,曰"觐②"。天子当宁③而立,诸公东面,诸侯西面,曰"朝"。

诸侯未及期④相见,曰"遇"。相见于郤地⑤,曰"会"。诸侯使大夫问于诸侯,曰"聘"。约信⑥,曰"誓"。

莅牲⑦,曰"盟"。

——《礼记·曲礼下第二》

注解：①依：通"扆"(yǐ),屏风。②觐(jìn)：诸侯朝见天子。③宁(zhù)：指朝门内有座屏风,门和屏风之间的地方,为群臣朝见帝王之处。④期：约定见面的时间和地点。⑤邻(xì)地：两国的边界。⑥信：条文、书面的东西。⑦莅牲：面对神灵杀生。

译文

天子站在屏风前,面向南站立,诸侯面向北朝见天子称为"觐"。天子站在屏风和门之间,面向南而立,诸公面向东,诸侯面向西,这样的朝见称为"朝"。

诸侯和诸侯未到约定的日期和地点相互见面称为"遇"。约定好日期在两国的边境地点相互见面称为"会"。诸侯派遣大夫进行互访称为"聘"。订立条约称为"誓"。杀牲饮血以表示信守诺言称"盟"。

原文

诸侯使人使于诸侯,使者自称曰"寡君之老"。

天子穆穆①,诸侯皇皇,大夫济济②,士跄跄③,庶人僬僬④。

——《礼记·曲礼下第二》

注解：①穆穆：威严的样子。②济济：庄重的样子。

③ 跄跄(qiāng)：走路有节奏的样子。④ 僬僬(jiào)：匆忙紧张的样子。

译文

诸侯派士人拜访诸侯，那个使者自称为"寡君之老"。

天子肃穆威严，诸侯显赫轩昂，大夫端庄稳重，士人走路稳重有节奏，庶人匆忙急促。

原文

天子不言出①。诸侯不生名②。君子不亲恶③；诸侯失地④，名⑤；灭同姓⑥，名。

为人臣之礼：不显谏⑦。三谏而不听，则逃⑧之。子之事亲也，三谏而不听，则号泣而随之。

——《礼记·曲礼下第二》

注解：① 天子不言出：指天子以天下为家，天子出奔某地，要说"居某地"。② 诸侯不生名：指的是诸侯在世之时，史书上记录时，不能直呼其名，要称其爵位。③ 恶：有罪恶的人。④ 失地：失去自己的国土。⑤ 名：史书记载时，要记录他的真名。⑥ 同姓：同姓国。⑦ 不显谏：不当众指责。⑧ 逃：离开。

译文

天子以天下为家，即使出奔，史书也不用"出"字。诸侯生前史书不直呼其名。君子不亲附有罪恶的人；失掉自己的国土的诸侯,史书也直称其名;或是残害同胞的君主,史书也直称其名。

作为人臣的礼仪是:不当众指责国君。如果数次劝谏后仍不听从,就要离开国君而去。子女侍奉双亲时,如果数次劝说父母仍不听从,就大声哭泣,跟随他们(不要听任他们,陷父母于不义)。

原文

君有疾,饮药,臣先尝之。亲有疾,饮药,子先尝之。医不三世①,不服其药。

——《礼记·曲礼下第二》

注解:① 医不三世:行医不到三代,指没有丰富经验的医生。

译文

国君有病,服药前臣子应当先尝。双亲有病,服药前子女先尝。如不是医术精通、经验丰富的医生,不要服用他的药。

原文

天子视不上于袷①,不下于带②。国君绥③视。大夫衡视④。士视五步。凡视,上于面则敖,下于带则忧⑤,倾⑥则奸。

——《礼记·曲礼下第二》

注解：① 袷(jié)：指衣领。② 带：系在衣服外面的衣带。③ 绥(tuǒ)：通"妥"，下垂，视线向下。④ 衡视：视线平直。⑤ 忧：拘谨。⑥ 倾：歪着脑袋斜视。

译文

瞻视天子时视线不能高于君主的衣领，不能低于系在衣服外面的腰带。瞻视国君时要视线稍向下。瞻视大夫则可以视线平直。对士人视线可及五步左右。凡是注视对方，视线高于面部就显得傲慢，低于对方腰部就显得太拘谨而不自然，斜眼看，显得心术不正。

原文

君命，大夫与士肄①。在官言官，在府言府，在库言库，在朝言朝。朝言不及犬马。

——《礼记·曲礼下第二》

注解：① 肄(yì)：研习。

译文

国君一旦有命令，大夫与士人应当研习。在官署就应讨论官署中的事，在存放宝藏财宝处应讨论宝藏财宝，在停放车马甲兵处应讨论车马甲兵，在君臣议事之处应讨论政事。讨论政事不可涉及犬马之类日常之事。

原文

辍朝而顾，不有异事，必有异虑。故"辍朝而顾"，君子谓之固①。在朝言礼，问礼对以礼。

——《礼记·曲礼下第二》

注解：① 固：固陋无礼。

译文

散朝回家时，回头看望，若并没有奇特之事，一定有不正当的念头。所以说"辍朝而顾"，君子称这样的行为为粗鲁无礼。在朝廷上要讲究礼，问话有礼，答话也要有礼。

原文

国君抚式，大夫下之；大夫抚式，士下之。礼不下庶人①，刑不上大夫②。刑人不在君侧。兵车不式③，武车绥④旌，德车结旌。

——《礼记·曲礼上第一》

注解：① 礼不下庶人：指礼节不约束老百姓。② 刑不上大夫：指刑法不用来制裁大夫之上的人。③ 式：式礼。④ 绥（ruí）：舒展。

译文

看见国君扶轼而行礼时,大夫就要下车致敬行礼;看见大夫扶轼而行礼时,士人要下车致敬。礼制不加之于庶人,刑罚也不及于大夫之上的人。因此受过刑罚的人不能站在国君左右。在出征的兵车上,无须行式礼;武车上的旌旗是舒展着的;巡狩用的德车,旌旗则是缠结起来的。

释义

《仪礼·丧服第十一》曰:"君,至尊也。"君王的称谓、饮食、服饰、车马、所享受礼节待遇皆与众不同,以显示出至高无上的尊严,以确保其高贵而无与伦比的地位。对于天子或国君,臣子自然首先是要尊敬,哪怕是其派来的小小使者,也不可小觑,而应尽心迎接。此外,还要尽职尽责,完成君王交给的任务。

我国古代礼仪中有"尊尊"之原则,其中就包括"尊君",也就是对周天子以及诸侯国君的尊崇。如果扩展运用于政治关系的丧服之中,诸侯为天子,公卿大夫、士为国君要像子为父一样服最重的丧服——斩衰服,体现了事君如事父的政治伦理观念,这是家族伦理在社会政治伦理的延伸。这也反映了中国古代文明演进过程中,政治上的家国不分,君权和父权混同的历史事实。天子、君主是最高的大家长,而每一宗族的家长,又是其家族内的君主,由此,演化出了后来的血缘关系与政治关系、父权与君权相依相随而交织结合的"家天下"的政治局面。

二、君死社稷

原文

国君去其国，止^①之日："奈何去社稷也？"大夫，曰："奈何去宗庙也？"士，曰："奈何去坟墓也？"国君死^②社稷，大夫死众^③，士死制^④。

——《礼记·曲礼下第二》

注解：① 止：劝告。② 死：为……而死。③ 众：指军事之事。④ 制：执行君王的命令。

译文

国君离开自己的国家，臣下要劝阻他说："为何放弃自己的社稷啊？"如果是大夫，说："为什么抛弃自己的宗庙？"如果是士人，说："为什么离开而不顾及自己的祖坟？"国君应为国家江山而死，大夫应为军事之事而死，士人应为执行君王的命令而死。

原文

故君者所明^①也，非明人^②者也。君者所养也，非养人者也。君者所事也，非事人者也。故君明人则有过，养人则不足，事人则失位。故百姓则^③君以自治也，养君以自安也,事君以自显也。故礼达④而分⑤定,故人皆爱⑥其死而患其生。故用人之知⑦去其诈,用人之勇去其怒,用人之仁去其贪。故国有患,君死社稷,谓之义;大夫死宗庙,谓之变。

——《礼记·礼运第九》

注解:① 明:让别人效仿。② 明人:仿效别人。③ 则:以……为准则,效仿。④ 达:畅达。⑤ 分:职分。⑥ 爱:吝惜。⑦ 知:通"智",智慧。

译文

所以国君是别人所效仿的,而不是仿效别人。国君是别人所供养的,而不是供养别人。国君是别人所侍奉的,而不是侍奉别人。如果国君仿效别人就会有差错,供养别人财力就会有不足,侍奉别人就会失去自己的地位。百姓仿效国君来实现自我修治,供养国君来安定自己的生活,侍奉国君来显扬自己。因此礼通达于天下,各自的职分就能得到确定,人们习惯于安定的生活而舍不得去死。国君用智慧去掉臣民的伪诈,用人们的勇气去掉他们的怒气,利用人们的仁心去掉贪念。所以国家有危难,国君为国家去死叫做义;大夫为宗庙去死叫做变。

释义

国君地位尊崇,是众人的榜样,享受众人的奉养和服侍,管理天下,同时也就应该担当其相应的责任与义务,为国事尽职尽责,甚至要在关键时刻为了国家社稷而牺牲自己,这才不枉其

"国君"的称号，不枉其所享的礼遇，也不辜负民众对他的厚望。而其臣下，大夫、士人也各有其相应的职责，要仿效国君，奉养国君，侍奉国君，借此来显扬自己，实现自身的价值，关键时候也要敢于献出自己的生命。这样，君臣就都能够按照礼数来确定自己的职责，有效应对国家危难了。

三、臣下事君

原文

子曰："下之事上也，虽有庇民之大德，不敢有君民之心，仁之厚也。是故君子恭俭以求役仁，信让以求役礼，不自尚其事，不自尊其身，俭于位而寡于欲，让于贤，卑己而尊人，小心而畏义，求以事君，得之自是，不得自是，以听天命。《诗》云：'莫莫葛藟①，施于条枚；凯弟②君子，求福不回。'其舜、禹、文王、周公之谓与！有君民之大德，有事君之小心。《诗》云：'惟此文王，小心翼翼。昭事上帝，聿③怀多福。厥德不回，以受方国。'"

——《礼记·表记第三十二》

注解：① 莫莫葛藟：莫莫，茂密的样子。藟（lěi），藤。
② 凯弟：凯，通"恺"，和乐，欢乐。弟（tì），通"悌"，顺敬兄长。

③ 聿(yù)：助词，无义。

译文

孔子说："臣下侍奉君上，即使有庇护民众的大功德，也不能够有统治民众的想法，这是其深厚的仁爱之心的表现。因此君子恭敬节俭来求行仁爱之心，诚信谦让来求行礼，不抬高自己所做的事，不尊崇自己的身份，不奢求官位，欲望寡少。面对贤人能礼让，自我谦卑并尊敬别人，小心谨慎，敬畏道义，以此求得衷心侍奉君上，得到君上信任时应当这样做，得不到君上信任时也应当这样做，以听从天命的安排。《诗》说：'繁盛茂密的葛藤，蔓延到树的枝条。和乐平易的君子，求福不用邪道。'这大概说的就是舜、禹、文王、周公吧。他们既有治理民众的大功德，又有侍奉君上的谨慎之心。《诗》说：'这个文王，为人处世小心翼翼。懂得怎样侍奉上帝，于是为自己招来许多福气。他的德行并不邪僻，因此受到拥戴。'"

原文

子言之："事君先资其言，拜自献其身，以成其信。是故君有责于其臣，臣有死于其言。故其受禄不诬，其受罪益寡。"子曰："事君大言入则望大利，小言入则望小利；故君子不以小言受大禄，不以大言受小禄。《易》曰：'不家食，吉。'"子曰："事君不下达，不尚辞，非其人弗自。《小雅》曰：'靖共尔位，正直是与；神之听之，式谷以女。'"子曰："事君远而谏，则谄也；近而不谏，则尸利也。"子曰："迩臣守和，宰正百官，大臣虑四方。"子曰："事君欲谏不欲陈。《诗》云：'心乎爱矣，瑕不谓矣？中心藏之，何日忘之？'"

——《礼记·表记第三十二》

译文

孔子说："想侍奉国君就必须先凭借自己的建议，国君采纳，受命拜官后就必须献身于朝廷，以成全个人的忠信。因此国君有权责成臣下，臣下有为实践自己的主张与理想而献身的决心。因此臣下接受的俸禄与能力相称，那么他们遭受的罪责也愈来愈少。"孔子说："侍奉国君而进献大的主张就希望给国家带来大的利益，进献小的主张就希望获得小的利益。因此君子不能凭借小的主张而接受大的酬报，也不以大的主张接受小的酬报。《易》说：'（国君）不能仅仅与家人享受积蓄，应当招贤受禄，这样就吉利。'"孔子说："侍奉国君不把内容低下的事情通禀国君，不说浮夸虚假的话，不是正直的人就不由他荐举进用。《小雅》说：'恭敬地奉行你的职责，如果是正直的人就和他相处。神一旦听到你的所作所为，就会降赐好处于你。'"孔子说："侍奉国君，与国君关系疏远也进谏，是巴结谄佞；与国君关系亲近却不进谏，就是白食俸禄。"孔子说："近臣的职守就是协调国事，冢宰治理百官，大臣则谋虑天下事。《诗》说：'心中喜爱他，怎不相劝告？心中想着他，哪天忘过他？'"

原文

子曰："事君难进而易退，则位有序；易进而难退，则乱也。故君子三揖而进，一辞而退，以远乱也。"子曰：

"事君三违而不出竟^①，则利禄也；人虽曰不要，吾弗信也。"

——《礼记·表记第三十二》

注解：① 竟：通"境"，边境。

译文

　　孔子说："侍奉国君，如果晋升难而罢免易，官位之间就能排列有序；晋升容易而罢官难，官位就会混乱。因此君子作客要与主人间三次互行揖让之礼而后进门，离去时仅告辞一次就离开，以此来远离混乱。"孔子说："侍奉国君时如果多次与君主政见不合却也不出境离去，就是贪图利禄的表现；即使有人说他并非如此，我也不信。"

原文

　　子曰："事君慎始而敬终。"子曰："事君可贵可贱，可富可贫，可生可杀，而不可使为乱。"子曰："事君，军旅不辟难，朝廷不辞贱；处其位而不履其事，则乱也。故君使其臣，得志则慎虑而从之；否，则孰虑^①而从之。终事而退，臣之厚也。《易》曰：'不事王侯，高尚其事。'"子曰："唯天子受命于天，士受命于君。故君命顺则臣有顺命；君命逆则臣有逆命。《诗》曰：'鹊之姜姜，鹑之贲贲；人之无良，我以为君。'"

——《礼记·表记第三十二》

注解：① 孰虑：深思熟虑。孰，同"熟"。

译文

孔子说："侍奉国君要以谨慎开始，以恭敬告终。"孔子说："侍奉国君的人的地位可以尊显也可以低贱，可以富贵也可以贫穷，可以活着也可以被杀，但国君不可使他违背义理。"孔子说："侍奉国君的人，在军中不避危难，在朝堂上不推辞低贱的官职，处官位却又不履行职责，就会造成混乱。因此国君任用臣下，臣下要能发挥自己的才智，谨慎思虑并遵命行事，否则就要经过深思熟虑而遵命行事，完成了使命而后隐退，这是做臣子的忠厚态度。《易》说：'不侍奉王侯，使自己的志向保持高尚。'"孔子说："只有天子是受命于天的，士大夫受命于国君。因此国君的命令只要合乎义理臣就必须从命，国君的命令违背义理臣就可以违逆君命。《诗》说：'喜鹊争斗怒姜姜，鹌鹑争斗怒贲贲（另一说：喜鹊成双地飞翔，鹌鹑对对地依傍）。那个人啊不善良，我却以他为君上！'"

释义

孔子曾说："君使臣以礼，臣事君以忠。"就是说作为国君对于臣下要以礼相待，而臣子侍奉君王也要尽忠职守，此即"君礼臣忠"。朱熹后来解释说："两尽其道"，即君以君道，臣以臣道，各尽其道，"君君，臣臣，父父，子子"，君臣父子的关系有尊卑贵贱、高下先后的区别，是绝对不能秩序错乱的。就本节所选内容而言，孔子更为强调的是臣下侍奉君王的原则和方法。作为臣子要清楚君臣的尊卑之别，即使作出贡献也不能僭越，有君临民众的想法，而是要有仁德之心，忠心耿耿、谨小慎微、慎始敬终地侍奉君王。臣子更要在其位谋其政，而非尸位素餐。无论与君王关系远近,都要竭力进谏,不贪利禄。孔子还建议,作为臣下万万不可居功自傲,功成身退可以说是更好的选择。其中比较开明、开放甚至是有些民主意味的一句话则是,如果国君命令违背义理,臣子则可以抗命。

在谈及君臣关系时,孟子的观点也许显得更为激进,似乎有些君臣对等的味道了。孟子告齐宣王曰:"君之视臣如手足,则臣视君如腹心;君之视臣如犬马,则臣视君如国人;君之视臣如土芥,则臣视君如寇仇。"他谈得十分形象而又具体。首先从正面讲,君王待臣如手如足,那么臣属待君王则如六腑如心脏,内外相依,上下相随,联系紧密,浑然一体。接下来他从反面讲,君王待臣如犬马,那么臣属视君王则如同路人,陌路相逢,冷眼相对,君臣分离,背道而行。更有甚者,君王视臣如泥土如草芥,任意践踏,随意抛弃,那么臣属视君王则如强盗如仇敌,拔刀相向,怒目相对,如此,则民无宁日,国无宁日,天下无宁日,灾难兵祸由此而生了。其实,一个"礼"、一个"忠"就能将君臣关系处理得好了吗?伴君如伴虎。假如臣子不能够"慎始敬终",小心翼翼地服侍君王,及时地功成身退、明哲保身,恐怕多数人都难逃一劫吧。

第十一单元
父　子

　　家庭是社会的细胞。如果每个家庭都安稳、正常地生活，社会就安定，就会减少很多冲突，减少很多社会问题。要使家庭正常维持、关系和睦，家庭的每个成员就都应得到健全的发展。而一个人要正常发展，首先要学会感恩。培养感恩意识，第一是要知道报答父母的恩情。

　　所谓的孝顺不仅是让父母衣食无忧，尊重父母，自己也应该不做违法乱纪及危险、邪僻之事，以便让父母安心，也不至于辱没了亲人名声。

　　本单元所选内容试图让读者了解孝顺的意义、古人对于孝顺父母之道具体是如何做的。

父

一、人子人臣

二、父慈子孝

一、人子人臣

知为人子，然后可以为人父；知为人臣，然后可以为人君；知事人，然后能使人。

——《礼记·文王世子第八》

今译

懂得如何做一个好儿子，然后才能够做一个好父亲；知道如何做一个好臣子，然后才能够做一个明君；懂得如何为别人做事，然后才能够指使别人做事。

释义

人由最初的为人子到为人父，一生都在不停地变换自己的角色。只有做了父亲之后，才能体会到当初父亲对自己的谆谆教导和良苦用心，由此才能提醒自己应该回报父母的养育之恩，同时也要时刻督促自己为子女做出表率，培养子女成为对社会有用的人才。从学会做人子到为人父，从人臣到人君，都是一个不断学习、积累经验并付诸实践的过程。

二、父慈子孝

原文

凡为人子之礼，冬温而夏清①，昏定②而晨省。在丑夷③不争。夫为人子者，三赐不及车马④，故州闾乡党称其孝也，兄弟亲戚称其慈也，僚友称其弟⑤也，执友⑥称其仁也，交游⑦称其信也。见父之执⑧，不谓之进不敢进，不谓之退不敢退，不问不敢对。此孝子之行也。

——《礼记·曲礼上第一》

注解：① 清(qìng)：冷，凉。② 定：安定。③ 丑夷：同辈。④ 三赐：是指三命之赐。周代官吏的品秩有一到九命之差。做了三命之官，则应赏赐车马。但因为父母在上，不敢享用如此的待遇。⑤ 弟：通"悌"，对兄长尊敬。⑥ 执友：有共同志向的人或朋友。⑦ 交游：普通朋友。⑧ 父之执：和父亲有相同志趣的人。

今译

作为儿女的礼数，就是要让父母冬天温暖，夏天清凉，夜晚为他们铺床使他们安定，清早向他们请安问好。而且要与平辈友好相处，不争执。作为子女，不乘坐国君赏赐的马车(另一说：再三赠送别人礼物，也不敢擅自赠送车马)。能做到这样，那么乡党邻居远近之人都会称赞其孝顺，兄弟、内亲、外戚都会称赞其善良,同僚都会称赞他友善,朋友称赞他仁义,与他有来往的人都称他诚实可靠。要是看到与父亲有相同志趣的人,若不叫他上前,就不敢擅自上前;不叫他退下,也不敢擅自退下;若不问他,也不敢擅自随意开口。这就是孝子应有的行为。

原文

夫为人子者,出必告,反①必面,所游必有常,所习必有业。恒言不称老。年长以倍,则父事之;十年以长,则兄事之;五年以长,则肩随②之。群居五人,则长者必异席。

——《礼记·曲礼上第一》

注解:①反:通"返",返回。②肩随:并排向前走,略微靠后。

今译

为人子女,出门一定要禀告父母,回家时也一定要面告,出去游玩必须有常去的定所,学习要有固定的课业。平时讲话不自称"年老"。对待年龄比自己大一倍的人,则可以当做父辈看待;大十岁的人,则可以当做兄长对待;大五岁的人,也以屈居其下的谦虚态度对待。如果五人同居一处,那么年长者一定要另坐一席。

原文

为人子者,居不主奥①,坐不中席,行不中道,立不中门。食飨不为概②，祭祀不为尸。听于无声③，视于无形④。不登高，不临深，不苟訾⑤，不苟笑。

——《礼记·曲礼上第一》

注解：① 奥：屋子的西南角，指长者或尊者所坐的位置。② 概：限量。③ 听于无声：在父母未说话前就对父母的意图有所领悟。④ 视于无形：父母未表现在神色上，就能看出他们的心态和需求。⑤ 訾(zǐ)：诋毁，指责。

今译

作为子女，平时不占据尊长的位置，不坐在居中的席位，走路不行院里过道的当中，不站在当中的门口。举行食礼和飨礼，对食物的量要多要少不可以自作主张。举行祭祀典礼不可以神主自居受人祭拜。在父母未说话前就对父母的意图有所领悟，父母未表现在神色上，就能看出他们的心态和需求。不爬高处也不往深处，不能随意诋毁，不能任意嬉笑。

原文

孝子不服暗①，不登危，惧辱亲也。父母存，不许友以死②，不有私财。

为人子者，父母存，冠衣不纯③素；孤子④当室，冠衣不纯采。

——《礼记·曲礼上第一》

注解：① 不服暗：指不做隐瞒父母的事情。暗，有版本

写作"闻"。②不许友以死：答应朋友为他献身效死。③纯
(zhǔn)：帽子或衣服上的镶边。④孤子：年轻时丧父的
子女。

今译

　　孝顺的子女做事情不隐瞒父母,也不登临危险的地方,怕给
父母带来(教子无方的)耻辱。父母在世,就不能答应朋友为他
献身效死,也不能私自存储钱财。

　　作为子女,父母在世时,帽子与衣服都不能用素色作为镶
边;失去父亲的孤子当家,那么衣服可以带素但不得用彩色
镶边。

原文

　　父母有疾,冠者不栉①,行不翔②,言不惰③,琴瑟不
御④,食肉不至变味,饮酒不至变貌,笑不至矧⑤,怒不至
詈⑥,疾止复故。

　　　　　　　　　　　　——《礼记·曲礼上第一》

　　　注解：①栉(zhì)：梳头。②翔：行走时两臂张开。
③惰：闲聊的话。④御：进用。这里指弹奏。⑤矧(shěn)：
大笑时能露出的牙龈部位。⑥詈(lì)：责骂。

今译

　　父母生病时,头发也不梳理整齐,走路不两臂张开,不说闲
话,不弹奏乐器,吃肉只是稍尝其味,喝酒也不喝到脸色变红,不
张嘴大笑,不恶言怒骂,直到父母病情大愈才恢复正常生活。

原文

曾子曰:"孝子之养老也,乐其心,不违其志,乐其耳目,安其寝处,以其饮食忠养之,孝子之身终。终身也者,非终父母之身,终其身也。是故父母之所爱亦爱之,父母之所敬亦敬之,至于犬马尽然,而况于人乎!"

——《礼记·内则第十二》

今译

曾子说:"孝子赡养老人,会使老人从心里感到愉快而且从不违背老人的志趣与心意,使其耳所听、目所见都感到愉悦,对居住之处感到舒适安逸,用老人爱吃的食物尽心照料赡养,直到终老。所谓终老,不是指终父母之身,而是指终孝子之身。因此对父母喜欢的自己也要喜爱,父母敬重的自己也敬重,以至于对父母宠爱的犬马也是如此,何况对父母身边的人呢?"

释义

父母给了自己生命,是与自己有血缘关系的至亲之人,他们竭尽心力将自己抚养长大,父母的恩情无以为报,因此为人子一定要懂得感恩,回报父母。《礼记》中的孝道思想分别从孝的起源、作用、地位等宏观问题论述开去,又以孝道本身等微观表述具体论证,选取生活细节加以评论,着重突出人子应当赡养老人,让老人衣食无忧。父母也是长者,对父母应当尊敬、顺从,使父母从内心感到愉悦,得到精神上的满足与快乐,这就是人们常说的"顺"。

相比衣食物质的满足,精神的满足是更为重要的。恪守孝顺之道的本质及核心在于从心底尊敬父母、爱戴父母,甚至包括对父母所尊敬、喜爱的东西,自己也要尊敬喜爱。古人的"孝"内容广泛,赡养仅仅是子女应尽义务的底线,此外还要使父母心安,内心得到满足,直至终老。父母过世后,子女更要严守丧礼,不辱父母之名,这才是"大孝"。

第十二单元
长　　幼

　　尊重老者、长者是传统美德。古人甚至认为这与治国安邦关系密切。敬老不仅是个人的事，国家也把它归入了社会制度之中，并制定了较为详细的规定，包括制定礼遇老人的法规，举办敬老庆典，落实养老制度等。

　　儒家认为，赡养老人良好风气的形成，可以使全社会尊重老人和贤德之人，从而也可以使得人们更加崇尚道德，摒弃邪恶，最终构建一个和谐有序、安居乐业的理想社会。

　　本单元选文试图让读者了解古时日常生活中人们尊敬长者的一些具体礼节。

长

长幼有序

长幼有序

大夫七十而致仕^①，若不得谢，则必赐之几杖，行役以妇人；适四方，乘安车^②；自称曰"老夫"，于其国则称名。越国而问焉，必告之以其制。谋于长者，必操几杖^③以从之。长者问，不辞让而对，非礼也。

——《礼记·曲礼上第一》

注解：① 致仕：辞官，退休。② 安车：古代一种单匹马牵着走的小型车。③ 几杖：凭几、手杖。

今译

作为大夫到了七十岁就退离自己的职位，如果君主挽留，一定会得到桌几、拐杖等赏赐。外出处理公务必定会派妇人扶持、照料，前往四方就乘坐小型车。这样可以自称"老夫"，如果是在自己的国境内仍要称名，别的国家来询问国政，一定要把本国的制度告诉人家。在与长辈商议事情时，一定带着凭几手杖前往。长辈问话时如果不先谦让就直接回答也是不合礼节的。

原文

从于先生，不越路而与人言。遭先生于道，趋^①而进,正立拱手。先生与之言则对,不与之言则趋而退。

——《礼记·曲礼上第一》

注解：① 趋：跨大步。

今译

　　跟随先生走路时,不越到路的另一边与人交谈。在路上遇见先生,则跨步上前,正立并拱手。如果先生与自己说话,就回答,不说话时就跨步退到一旁。

原文

　　从长者而上丘陵①,则必乡②长者所视。登城不指,城上不呼。

——《礼记·曲礼上第一》

注解：① 丘陵：小山坡。② 乡：通"向",朝向的意思。

今译

　　跟随长辈登上山坡时,一定要向着长辈所视的方向看。登上城墙不随意指示方向,在城墙上也不大呼小叫。

原文

　　凡为长者粪①之礼：必加帚于箕上②,以袂拘③而退,其尘不及长者;以箕自乡而扱之。奉席如桥衡④,请席何乡,请衽⑤何趾。

——《礼记·曲礼上第一》

注解:① 粪(fén):清除,打扫。② 必加帚于箕上:把扫帚摆放在簸箕上,以表示尊敬之意。③ 拘(gōu):遮掩。④ 桥衡:形容席的拿法,托席的两只手,左手要高,右手要低。⑤ 衽:卧席。

今译

凡是为长辈打扫也有一定的礼节:必须把扫帚摆放在簸箕上,用衣衫的袖子遮挡灰尘,边扫地边退下,以防止尘土落向长辈。把簸箕朝向自己的方向扫垃圾。捧席子时要左边高右边低。安放坐席时要询问长辈朝向何方,卧席就要请示脚朝哪边。

原文

先生书策琴瑟在前,坐而迁之,戒勿越。虚坐①尽后,食坐②尽前。坐必安,执③尔颜。长者不及,毋儳言④。正尔容,听必恭,毋剿说⑤,毋雷同⑥,必则古昔,称先王。侍⑦坐于先生,先生问焉,终则对。请业则起,请益则起。父召,无"诺"⑧;先生召,无"诺"。"唯"⑨而起。侍坐于所尊敬,毋馀席⑩。见同等不起。烛至,起;食至,起;上客,起。烛不见跋⑪。尊客之前不叱狗。让食不唾。

——《礼记·曲礼上第一》

注解：①虚坐：坐着只是说话。②食坐：坐着吃饭。③执：保持。④傆（chàn）言：闲聊。⑤剿说：把别人的言论当成是自己的言论。⑥雷同：说和别人一样的话。⑦侍：服侍。⑧诺：回答应声。⑨唯：回答之意，说话的语速快。"唯"比"诺"要恭敬。⑩馀席：和长者坐在同一席端。⑪跋（bá）：火炬或蜡烛燃尽后残余的尾部。

今译

先生的书册、琴瑟如果放在面前，要跪着把它移开，一定不能跨过去。如果只是坐着说话，要尽量靠后坐；如果是坐着吃饭，就尽量靠前坐。坐着要安定，保持庄敬的神色。长辈没有提到就不要闲聊。神情要端庄，听讲要恭敬。一定不能把别人的言论当作自己的言论，也不能随声附和，说话多以过去事实为依据，或者是对先人言论的引用。侍奉先生时，先生提问，要等到问题问完了再回答。请教学业问题，要起立；如果要再问详细，更要起立。父亲召唤自己不要答诺；先生召唤也不答诺。要恭敬地回答"唯"，同时要起立。陪同自己尊敬的人，尽量坐在接近尊者的那端。见到同辈不必起身，见到端烛者前来要起身，看到端饭菜的人也要起身，主人有宾客来也要起身。晚上去与人交谈时，应当在一支蜡烛未燃尽前前往，看到烛燃尽时要主动清除残余的尾部。在尊敬的客人面前不呵斥狗。主人让自己食物时不得吐唾沫。

原文

侍坐于君子，君子欠伸，撰①杖屦，视日蚤莫②，侍坐者请出矣。侍坐于君子，君子问更端③，则起而对。侍坐于君子,若有告者曰"少闲④,愿有复也",则左右屏⑤而待。毋侧听⑥,毋噭应⑦,毋淫视⑧,毋怠荒⑨。游毋倨,立毋跛,坐毋箕,寝毋伏。敛发毋髢⑩,冠毋免,劳毋袒,暑毋褰裳⑪。

——《礼记·曲礼上第一》

注解:① 撰:拿着。② 蚤莫:天色早晚。蚤,通"早"。莫,通"暮"。③ 更端:指更换的事由。④ 少闲:停顿片刻。⑤ 屏(bǐng):屏退,退避。⑥ 侧听:窃听他人的言辞。⑦ 噭(jiào)应:高声大喊。⑧ 淫视:目光斜视不专注。⑨ 怠荒:懒惰的、没精神的样子。⑩ 髢(tì):假发。⑪ 褰(qiān)裳:往上提起下衣。

今译

与君子坐谈时,凡是见到君子打哈欠、伸懒腰,或者拿起手杖和鞋子,或者探视天色早晚,这时就应当告辞退出。君子更换了话题询问,要起立回答。若有人进来称:"希望交谈停顿片刻,有事禀报。"此时应当退避一旁等候。退避时不要窃听他人言语,不要高声大喊,不要目光斜视不专注的样子,也不要懒惰没精神的样子。走路不得大摇大摆,站着不要单脚支撑站不稳,坐着不能两腿向前伸,就寝时不趴在床上。收起头发不使其散落(像假发一样),帽子不随意摘下,劳作时不解开衣裳,袒露胸怀即便是大热天也不向上提起下裳。

原文

侍坐于长者,屦不上于堂,解屦不敢当阶。就屦,跪

而举之，屏于侧。乡①长者而屦，跪而迁屦②，俯而
纳屦③。

——《礼记·曲礼上第一》

注解：① 乡：通"向"，朝着。② 迁屦：把鞋调转过来。
③ 纳屦：穿鞋。

今译

陪伴长辈坐谈时，不穿着鞋子上堂，脱鞋时也不能正对着堂
阶。穿鞋时要先跪着拿起鞋，然后退到一旁穿。面向长辈穿鞋
时一定要跪着将鞋调转过来，再俯身低头穿鞋。

释义

《礼记》中有很多关于如何对待长者的论述，突出的一点就是
要尊重长者，而尊重长者的具体体现是平时应注意的日常小事，
如待人接物、言行举止等生活细节。祖辈为后人打好了基础，使
后人的生活能更为踏实、稳定，前人留给后辈的不仅是维持生活
的物质条件，还有长期得出的生活与生存经验等各种知识。因
此，对长者的尊重体现的是后人对长者的感恩，对长者的付出与
劳动的尊敬。尊敬长者符合人类的根本利益，便于后代延续、繁
衍。如果不尊敬老者，甚至会影响人类本身的发展与前行。

小辈将对老人的孝道充分表现在生活中，能让自己的后人
也从自己身上深切体会到敬老爱老的道理，从而也使得后人将
孝道、孝礼融入其日常行为规范中，融入待人处事中。"老吾老，
以及人之老"，我们应当将心比心，以自己的言行为下一辈作出
榜样，这样一来后辈也会尊重我们，使我们享受到天伦之乐，颐
养天年。

第十三单元
饮　食

　　民以食为天。但饮食却绝对不仅仅是填饱肚子那么简单。王公贵族与平民百姓的饮食内容自然不可同日而语，由此即显示出了鲜明的等级差别。此外，饮食过程中还需要讲究一定的礼节，比如怎么上菜，如何布置，怎么个吃法，如何谦让等，古人的餐饮礼仪不可谓不细致入微。当然，现在的我们还在讲究"站有站相，吃有吃相"，餐桌上的表现也同样能够体现一个人的修养、素质。

　　本单元选取内容试图让读者了解古人餐桌上的一些礼仪，如进食之礼、共食之礼等。

饮

进食共食

进食共食

原文

凡进食之礼：左殽①右胾②；食居人之左，羹居人之右；脍炙处外，醯③酱处内；葱渫④处末，酒浆⑤处右。以脯脩⑥置者，左朐⑦右末。客若降等，执食兴辞，主人兴辞于客，然后客坐。主人延⑧客祭⑨。祭食，祭所先进。殽之序，遍祭之。三饭，主人延客食胾，然后辩殽。主人未辩，客不虚口⑩。

——《礼记·曲礼上第一》

注解：① 殽（xiáo）：大块的带骨头的熟肉。② 胾（zì）：大块的没有骨头的熟肉。③ 醯（xī）：醋。④ 渫（xiè）：蒸葱。⑤ 酒浆：酒指一晚上就酿好的甜酒，且不带渣。浆，指的是带有米汁的酒。⑥ 脯脩：脯是没有经过加工的干肉。脩是经过腌制加工的干肉。⑦ 朐（qú）：肉晒干后弯曲的地方。⑧ 延：告诉，邀请。⑨ 祭：吃饭前把将要吃的食物盛出少许，放在祭祀的器皿中，表示对先祖的尊重。⑩ 虚口：漱口，在吃饭过程中吃食物与喝酒之间的一种行为。

今译

凡是用餐的礼节：带骨的大块熟肉放置在左边，没有骨头的熟肉放置右边；饭食放在左手方，羹汤放在右手边；细切的和烧烤的肉类放远些,醋和酱放在较靠近自己处;蒸葱等放在最外边,酒浆等放在右边。若要摆放干肉、干脯等,则弯曲的部分放在左,挺直的在右。若客人级别比主人低,端着饭碗起立推辞,自称不敢当此席位,主人就起身对客人说敬语请客人安坐,然后客人坐下。主人劝食时,先拨些饭放在桌上的器皿中,进行食前祭祀。祭食也有先后顺序。祭先进食的东西,以后依照进食顺序一一祭过。吃过三口饭后,主人应请客人吃纯肉,然后吃带骨的肉。若主人还没有吃完,客人不能漱口表示不吃。

原文

侍食①于长者,主人亲馈②,则拜而食。主人不亲馈,则不拜而食。

——《礼记·曲礼上第一》

注解: ① 侍食:伺候年长的人吃饭。② 馈(kuì):夹菜。

今译

在陪着长者吃饭时,主人亲自夹菜,要拜谢主人后再进食;主人不亲自夹菜劝吃,就不必拜谢,自行进食。

原文

共食①不饱,共饭不泽手②。毋抟饭,毋放饭,毋流歠③。毋咤食④,毋啮骨,毋反鱼肉,毋投与狗骨,毋固获,毋扬饭⑤,饭黍毋以箸,毋嚃⑥羹,毋絮羹⑦,毋刺齿,毋歠醢⑧。客絮羹,主人辞不能亨⑨。客歠醢,主人辞以窭⑩。濡肉齿决,干肉不齿决。毋嘬炙。

——《礼记·曲礼上第一》

注解:① 共食:一起进食。② 泽手:两手互搓。③ 歠(chuò):喝。④ 咤(zhà)食:嫌弃主人做的饭菜不好吃,小声嘀咕。⑤ 扬饭:用筷子搅动饭食,让它快速变凉。⑥ 嚃(tà):不嚼而咽。⑦ 絮羹:指的是自己重新调制主人做好的汤,是一种不尊重主人的行为。⑧ 歠醢:指不用任何食物蘸就吃肉酱的意思。⑨ 亨:通"烹",烹调。⑩ 窭(jù):准备的食物不够。

今译

众人共同吃饭,不可只顾自己吃饱。若和别人一起吃饭,不得揉搓双手。不要拿手搓饭团。不要把多余的饭放进盛饭的器皿,不要喝得满嘴。不要嫌弃饭菜、小声嘀咕,不要啃骨头,不要把咬过的鱼肉又放回碗中,不要把肉骨头扔给狗,不要只吃一种食物,也不要把热饭搅凉,吃蒸好的饭最好用手不要用箸,吃汤中的菜时,不可以连汤一起喝下,也不可当着主人面搅动菜汤,不要当众剔牙齿,不要喝不用任何食物蘸就吃的肉酱。如果有客人在调和菜汤,主人就要道歉,说是烹调得不好。客人喝到酱类的食品时,主人也要道歉,说是准备的食物不够。湿软的肉用牙齿咬断,干肉就用手掰食。吃烤肉不要捏成一把嚼。

原文

卒食,客自前跪,彻饭齐①,以授相者②。主人兴,辞于客,然后客坐。

——《礼记·曲礼上第一》

注解:① 齐:酱类食物。② 相者:伺候客人吃饭的人。

今译

用完餐后,客人应当起身向前跪着撤下饭器和盛酱的器皿,并将碗盘等交给一旁伺候的人。主人会起身,请客人不必操劳,然后,客人再坐下。

原文

侍饮于长者,酒进则起,拜受于尊所①。长者辞,少者反席而饮;长者举,未釂②,少者不敢饮。长者赐,少者贱者不敢辞。赐果于君前,其有核者怀③其核。

——《礼记·曲礼上第一》

注解:① 尊所:尊者所在的席位。② 釂(jiào):指的是喝完杯中的酒。③ 怀:包起来。

今译

陪伴长者喝酒,长者将要递酒过来时必须起立,向尊者拜谢后接受。长者会说,不要如此客气,然后少者返回自己席位上喝酒用餐;若长者举杯后未喝完杯中酒,少者不可以先喝。长者有东西赏赐后辈或仆人时,他们只管接受,无须客气。若是国君赐水果,不应当在君主前面吐果核而是要将核包起来。

原文

御食于君,君赐余,器①之溉②者不写③,其余皆写。

——《礼记·曲礼上第一》

注解:① 器:盛食物的器皿。② 溉:可以洗涤的器皿。
③ 写:把食物从一个器皿倒到另一个器皿中。

今译

侍候国君进食时,国君会赏赐剩余的食物,若是盛器可以洗涤的,就直接连同原器皿取食;如果是不可以洗涤的,就要把食物倒在另外的器皿内。

原文

馂①余不祭②,父不祭子,夫不祭妻。御③同于长者,虽贰④不辞;偶坐⑤不辞。羹之有菜者用梜⑥,其无菜者不用梜。

——《礼记·曲礼上第一》

注解:① 馂(jùn):吃剩的饭菜。② 祭:吃饭之前的祭祀礼节。　③ 御:餐具。④ 贰:双份。⑤ 偶坐:除自己之外还有比自己年长的宾客。⑥ 梜(jiā):筷子,此处指用筷子夹。

今译

吃剩余的食物不用在吃饭前进行祭祀礼节。父亲吃儿子剩余的食物，丈夫吃妻子剩余的食物时，也是如此。陪同长者一同参加宴会，当给自己盛上双份食物时，出于礼节少者不用客气推辞。若宴会在座的还有比自己年长的宾客也无须少者说客气话。汤里面如有菜，就得用筷子来夹；若没有，就用汤匙食用。

释义

在中国古代，在饭、菜的食用上都有严格的规定，通过饮食礼仪体现等级区别。如王公贵族的食物有牛、羊、象、犬、雁、鱼等。而贫民的日常饭食则以豆饭藿羹为主，有菜肴二十余种。"凡王之馈，食用六谷，膳用六牲，饮用六清，羞用百二十品，珍用八物，酱用百二十瓮。"这告诉我们，进献王者的饮食，饭、菜甚至调味品都是花样繁多，而且要符合一定的礼数。

孔子说："夫礼之初，始诸饮食。"礼产生于饮食，同时又严格约束饮食活动。不仅讲求饮食规格，而且连菜肴的摆设也有规则。《礼记·曲礼上第一》说："凡进食之礼：左殽右胾；食居人之左，羹居人之右……"这套规则在《礼记·少仪第十七》中也有详细记载。上菜时，要用右手握持，而托捧于左手上；鱼肴时，如果是烧鱼，以鱼尾向着宾客；冬天鱼肚向着宾客的右方，夏天鱼脊向宾客的右方。在用饭过程中，也有一套繁文缛礼。如饮酒、吃肉、喝汤、夹菜、蘸酱等都有一定的礼仪、规则。这些具体而微的餐桌礼仪，有的即使拿到现在也可以说不算过时。

第十四单元
教　育

儒家创立之始便重视教育,孔子是教育史上较早进行私家讲学授徒之人。他主张有教无类,把接受教育的权利推广到普通大众,此后儒家逐渐形成一套系统而完整的教育理论。

《学记》阐明了中国古代传统的教育学说,如尊师重教、教学相长等。借此,儒家阐明了办学兴教对于化民成俗的重要意义。此外,儒家在教育理论中还阐述了有关的教学原则,讲明教与学的相互关系。

本单元所选《礼记·大学第四十二》《礼记·学记第十八》部分内容,可帮助读者了解一些教育思想。如教育目的三纲领:明明德、亲民、止于至善。

教

一、大学之道

二、修齐治平

三、教学为先

四、教学相长

一、大 学 之 道

大学之道①,在明明德②,在亲民③,在止于至善。知止④而后有定,定而后能静,静而后能安,安而后能虑,虑而后能得⑤。物有本末,事有终始。知所先后,则近道矣。

——《礼记·大学第四十二》

注解:① 大学之道:大学的宗旨,大学的最终目的。大学,博学。② 明明德:使光明正大的高尚品德发扬光大。③ 亲民:亲爱人民。一说是"新民",引导、教化人民之意。④ 知止:明确目标所在。⑤ 得:得宜。另一说为收获。

今译

大学的宗旨,在于使光明正大的高尚品德发扬光大,在于使人亲爱人民,在于使人的道德达到最完善的境界。知道道德所应达到的境界才能够确定自己的志向目标,志向确定后才能够潜心学习,潜心而后才能心境安定,心境安定才能思虑周详,思虑周详才能得宜。万物都有根本和枝末,万事都有开始和终结。知道了事物的先后发展顺序,就更接近和了解事物发展的一般规律了。

释义

　　大学要致力于的目标是"明明德""亲民""止于至善"。这三大纲领,可以最终使人走向至善至美的道德境界,彰明天赋与人的最美德性,使人的秉性得到不断净化与升华,学习广博知识的最终目的也就是如此。其中要经过一系列必要的途径而后才能达到至善之境,即"知止而后有定,定而后能静,静而后能安,安而后能虑,虑而后能得"。

二、修齐治平

原文

　　古之欲明明德于天下者,先治其国。欲治其国者,先齐其家①。欲齐其家者,先修其身②。欲修其身者,先正其心。欲正其心者,先诚其意。欲诚其意者,先致其知③。致知在格物④。物格而后知至,知至而后意诚,意诚而后心正,心正而后身修,身修而后家齐,家齐而后国治,国治而后天下平。自天子以至于庶人,壹是皆以修身为本⑤。其本乱而末⑥治者,否矣。其所厚者薄,而其所薄者厚,未之有也。此谓知本,此谓知之至也。

——《礼记·大学第四十二》

注解:① 齐其家:将自己的家庭安排齐整,使家业繁荣。

另一说为"整顿好自己的家庭"。② 修其身：修养好自身的品德。③ 致其知：获取知识，积累常识。④ 格物：研究、认识世间万物。⑤ 壹是皆以修身为本：壹是，全部，都是。本，本源，根本。⑥ 末：与"本"相对，末节。

今译

　　古代想要将高尚的德性发扬于天下的人，就要先治理好自己的国家。想要治理好国家的人，就要先将自己的家庭安排齐整。想要将自己的家庭安排齐整，则要先修养好自身的品德。意欲修养好自身品德的人，则要先端正自己的心意。意欲端正自己心意的人，则要先使自己的意念真诚。意欲使自己意念真诚的人，则要先获取知识，积累常识。获取知识的途径则在于研究和观察世间万物。探究事理后才能获得正确认识，认识正确后才能意念真诚，意念真诚后才能端正心意，心意端正后才能修养好品德，品德高尚而后才能将自己的家庭安排齐整，将自己的家庭安排齐整后才能治理好国家，国家治理好后才能使天下太平。上到天子下到普通百姓，都要把修养品德作为根本。人的根本若是败坏了，末节反倒能调理好，这是不可能的。就好比我厚待他人，他人反而慢待我，我慢待他人，他人反而厚待我，这样的事情，还未曾有过(另一说为：该用力厚的用力薄，该用力薄的地方却用力厚，要想达到治国、平天下的目的，还没有过这样的事)。以上就叫懂得根本，这是认知的最高境界。

释义

　　人要使自己的修养达到最高境界，成就自己的目标与理想是关键，政治抱负与人生志向是立身的核心。由此，儒家提出"格物""致知""诚意""正心""修身""齐家""治国""平天下"八方面，用以启示人们确定人生志向。修身是指端正自己的内心，加

155

强自身的修养,不使外界的环境如与生俱来的人情,如愤怒、恐惧、喜好、忧患等,扰乱自己的心境,从而做到不为所动。能做到喜欢一个人的同时明白其缺点与短处,厌恶一个人要发现他的优点与长处,不单纯以喜恶心来判断人、对待人,即"好而知其恶,恶而知其美",方能"齐家"。所谓"君子有诸己,而后求诸人;无诸己,而后非诸人"(《礼记·大学第四十二》),就是说,只有自己先修养自身,达到高洁的境界,才能要求他人做到;只有自己绝不沾染污浊的东西,才能有权利去禁止他人。自我身修而后齐家,齐家后能更好地为人父、为人子、为人兄弟、为人夫,使家庭和睦,为世人典范,为民众榜样,进而能以此教育国人。由此而言,所谓修身、治国就是以身作则,修养自身之后再以自己高尚的节操作为民众的表率,这对于修养仁爱、礼让之德都至为重要,也是修身治国从而使天下太平的根本。

三、教 学 为 先

原文

　发虑宪①,求善良,足以谀闻②,不足以动众③。就贤体远④,足以动众,未足以化民。君子如欲化民成俗⑤,其必由学乎!

——《礼记·学记第十八》

注解:① 虑宪:虑,思虑。宪,法则。② 谀闻(wèn):小有名声。谡（xiǎo），小。③ 动众：感动众人。④ 就贤体远：就，接近。体，亲近。⑤ 化民成俗：化，教化，教育。成，形成。

今译

发动合乎法则的思虑，寻求德行高尚善良的人，只能做到小有名声，却不足以感动大众。接近贤者，亲近疏远者，能够感动大众却不足以教化大众。君子如果要教化大众，使众人形成良好的风俗，就必须从教育着手啊！

原文

玉不琢，不成器。人不学，不知道。是故古之王者，建国君①民，教学为先。《兑命》②曰：“念终始典于学。”其此之谓乎！

——《礼记·学记第十八》

注解：① 君：统治，治理。② 兑命：《古文尚书》中的篇名。兑（yuè），通“说”。

今译

玉石不经过反复雕刻琢磨，就不能用来做器物之用。人不通过学习思考，就不能懂得道理。因此，古代的君王建立国家，治理臣民，都把教育当作最为首要的事情。《尚书·兑命》中说：“自始至终心想着学习。”大概说的就是这个意思吧。

释义

在儒家看来，思考也好，向善也罢，并非仅仅是为了自身的修养，取得一个小小的名声，而是要心怀天下，教化大众。教育同国家政治有密切关系，目的就在于使人民群众受到良好的教育，有了较高的文化素养，风俗淳朴，也可以使国家繁荣富强，这样国家才能长治久安。这一观点把教育提到了治国安邦的高度，体现了先贤们的远见卓识。

浑金璞玉是天然生成的，但要成为一件既有实用价值又有观赏价值的艺术品，还得要经过"如切如磋，如琢如磨"的加工。人之教育亦是如此，不经过学习也是不能懂得先王之道的。儒家的学者一方面承认了人所拥有的天赋和才能，另一方面则强调了要开掘、发展天赋和才能必须通过学习的过程，使他们得到充分展现。因此古人一再强调，无论是从个人修养来说，还是从国家安定而言，教育都是首要的任务。

四、教学相长

原文

虽有嘉肴①，弗食，不知其旨②也。虽有至道③，弗学，不知其善也。是故学然后知不足，教然后知困④。知不足，然后能自反⑤也。知困，然后能自强也。故曰教学相长也。《兑命》曰："学学半⑥。"其此之谓乎！

——《礼记·学记第十八》

注解：①肴：带骨头的肉。②旨：甘美的味道。③至道：好到极点的道理。④ 困：不通。⑤ 自反：反躬自省。
⑥ 学（xiào）学（xué）半：教导别人，自己也能学到一半。前一
个学，通"敩"，教导。

虽然有美味的食物，但不去品尝，就无法体会其美味之处。
虽然有最好的道理，但不去学习，就不知道它好在哪里。所以，
学习之后才能意识到自己的不足，教了别人之后才会发现自己
有不懂的地方。知道了自己的不足，然后就能进行自我反省；发
现了自己不懂的地方，然后才能自我反省。所以说教和学是相
互促进的。《尚书·兑命》说："教导别人自己也能学到一半知
识。"这话说的就是这个道理。

儒家思想重实践，要进行实践就一定要能实事求是，抱着清
醒冷静的态度将已经清楚了的道理付诸行动，由此来证明得出
的道理是否正确。所谓实事求是就是要怀着现实主义的态度，
说一不二，将理论切实地付诸实践，反对空谈道理而不以实践来
证明的做法。然后便可得出"学然后知不足，教然后知困"这样
的结论。学习的过程就是实践的过程，切忌骄傲浮躁，一定要以
实事求是的踏实态度对待学习，才能收获真正的知识。另一方
面，教学相长，教学是相互促进和相辅相成的，不能顾此失彼。

第十五单元
官　　制

《周礼》是一部通过官制来表达治国方案的著作,内容极为丰富。该书根据天地、阴阳、四时,将官职分六大类:天官主管宫廷事务,地官主管民政事务,春官主管礼教事务,夏官主管军政事务,秋官主管刑罚事务,冬官主管建造事务,涉及面较广。该书的创作遵照了当时"以人法天"的思想,表达自己对社会、对天人关系的哲学思考,其间架结构宏大,有涵盖宇宙之意。

本单元选取了《周礼》中官制部分,并主要对六官的官长加以阐释和说明。

官

一、天官冢宰

二、地官司徒

三、春官宗伯

四、夏官司马

五、秋官司寇

六、冬官考工记

一、天官冢宰

原文

惟王建国,辨方正位,体国经野,设官分职,以为民极。乃立天官冢宰,使帅其属而掌邦治,以佐王均邦国。

大宰之职,掌建邦之六典,以佐王治邦国:一曰治典,以经邦国,以治官府,以纪万民;二曰教典,以安邦国,以教官府,以扰万民;三曰礼典,以和邦国,以统百官,以谐万民;四曰政典,以平邦国,以正百官,以均万民;五曰刑典,以诘邦国,以刑百官,以纠万民;六曰事典,以富邦国,以任百官,以生万民。

以八法治官府:一曰官属,以举邦治;二曰官职,以辨邦治;三曰官联,以会官治;四曰官常,以听官治;五曰官成,以经邦治;六曰官法,以正邦治;七曰官刑,以纠邦治;八曰官计,以弊邦治。以八则治都鄙:一曰祭祀,以驭其神;二曰法则,以驭其官;三曰废置,以驭其吏;四曰禄位,以驭其士;五曰赋贡,以驭其用;六曰礼俗,以驭其民;七曰刑赏,以驭其威;八曰田役,以驭其众。以八柄诏王驭群臣:一曰爵,以驭其贵;二曰禄,以驭其富;三曰予,以驭其幸;四曰置,以驭其行;五曰生,以驭其福;六曰夺,以驭其贫;七曰废,以驭其罪;八曰诛,以驭其过。以八统诏王驭万民:一曰亲亲,二曰敬故,三曰进贤,四曰使能,五曰保庸,六曰尊贵,七曰达吏,八曰礼宾。

——《周礼·天官冢宰第一·大宰》

今译

君王建立国都,要辨清所朝方向,端正所在位置,划分国都和郊野,设立官位,分清职责,作为民众所取法的准则。于是设立天官冢宰,让他统帅部属,掌管天下的治理,来辅佐君王,公平治理天下各国。

大宰的职责是掌管和颁行国家的六种法典,用来辅助国君统治天下:第一是治典,用于管理天下,治理官府,规范民众;第二是教典,用来安定天下各国,教育官吏,使民众心悦诚服地顺从;第三是礼典,统御百官,使民众和谐;第四是政典,使各国政事公平,端正百官政风,平均民众(赋役);第五是刑典,用来禁止天下各国的叛逆,惩罚官民中违法者;第六是事典,用来使天下各国富强,任用百官,休养民众。

国君以八种法则来治理官府:第一是官属,用来进行国家政务的治理;第二是官职,用来区别官吏之间的不同职责;第三是官联,用来会合各司官吏共同治理;第四是官常,用来考察官吏的工作;第五是官成,用来治理王国的政治要务;第六是官法,用来端正王国的政风,使官吏清廉;第七是官刑,用来纠察王国的政事;第八是官计,用来评断吏治的正误。国君以八种制度治理采邑:第一是祭祀制度,祈求神灵的帮助;第二是(有关宫室、车服等的)等级制度,用来统御属官;第三是废置制度,用来解决官吏的废置;第四是禄位制度,用来督励学士;第五是赋贡制度,用来调节财用充盈国库;第六是礼仪风俗,用来约束民众日常行为;第七是刑赏制度,用来树立君主与官吏的威信；第八是田役制度，用来役使民众。国君以八种权柄诏令王族统御群臣：第一是授予爵位的权柄，以使部分臣子地位尊贵；第二是授予俸禄的权柄，以使臣子富有；第三是赐予的权柄，以使臣子得以宠幸和鼓励；第四是安置官吏的权柄，以劝励臣下的行为；第五是赦免死罪的权柄，以使臣子得到免死之福；第六是剥夺的权柄，以使罪臣贫穷；第七是废黜的权柄，使罪臣得到惩罚；第八是诛杀的权柄，剥夺罪臣的生命。国君以八项原则统御民众：第一是亲近亲族，第二是尊敬故人旧友，第三是举荐贤人雅士，第四是任用贤能者，第五是抚慰有功者，第六是尊重尊贵的人，第七是提拔勤劳的小吏，第八是礼待宾客。

释义

天官的长官叫做大宰，又叫冢宰，他是天官之长，也是六官之首，其副职叫做小宰。天官系统共有六十三种官职。天官是"治官"，也就是治理国家政务的官员。冢宰和小宰的下属官员，其分工大体如下：一是掌管饮食的官，二是掌管服饰的官，三是医官，四是掌管寝舍的官，五是宫官，六是妇宫，七是掌妇功的官。

冢宰权力重大，"掌建邦之六典"，辅佐君王治理天下邦国，又掌管治理王国的"八法""八则""八柄""八统""九职""九赋""九式""九贡""九两"等，但是其下属官员，不少人职务细微，以服务生活和宫内事务为多。

二、地官司徒

原文

惟王建国，辨方正位，体国经野，设官分职，以为民极。乃立地官司徒，使帅其属而掌邦教，以佐王安扰邦国。

大司徒之职，掌建邦之土地之图与其人民之数，以佐王安扰邦国。以天下土地之图，周知九州之地域广轮之数，辨其山、林、川、泽、丘、陵、坟、衍、原、隰①之名物。而辨其邦国、都鄙之数，制其畿疆②而沟封之，设其社稷之壝③，而树之田主，各以其野之所宜木，遂以名其社与其野。

以土宜之法，辨十有二土之名物，以相民宅而知其利害，以阜人民，以蕃鸟兽，以毓草木，以任土事。辨十有二壤之物而知其种，以教稼穑树蓻。以土均之法辨五物九等，制天下之地征，以作民职，以令地贡，以敛财赋，以均齐天下之政。以土圭之法测土深，正日景，以求地中。日南则景短，多暑；日北则景长，多寒；日东则景夕，多风；日西则景朝，多阴。日至之景，尺有五寸，谓之地中，天地之所合也，四时之所交也，风雨之所会也，阴阳之所和也。然则百物阜安，乃建王国焉，制其畿方千里而封树之。

凡建邦国，以土圭土其地而制其域。诸公之地，封疆方五百里，其食者半；诸侯之地，封疆方四百里，其食者三之一；诸伯之地，封疆方三百里，其食者三之一；诸子之地，封疆方二百里，其食者四之一；诸男之地，封疆方百里，其食者四之一。凡造都鄙，制其地域而封沟之；以其室数制之。不易之地，家百亩；一易之地，家二百亩；再易之地，家三百亩。乃分地职，奠地守，制地贡，而颁职事焉，以为地法而待政令。

——《周礼·地官司徒第二·大司徒》

注解：① 坟、衍、原、隰：坟，堤，岸，高地。衍，山坡。原，广而平的土地。隰（xí），低湿的地方。② 畿（jī）疆：边境，边疆。③ 壝（wěi）：祭坛四周的矮墙。

今译

君王建立国都，要辨清所朝方向，端正所在位置，划分国都和郊野，设立官位，分清职责，作为民众所取法的准则。于是设立地官司徒，让他统帅部属，掌管天下的治理，来辅佐君王，安定天下各国。

大司徒的职责是掌管编制天下各国的地图，记载人口数量，以辅佐君王安抚天下各国。根据各国的地图，就可以全部了解九州地域面积大小，辨别矿山、森林、河流、湖泊、丘陵、高地、山坡、平原和低湿之地的种类和名称，辨别出天下诸侯各国的数量，并划定各国的疆界，挖沟筑墙作为险阻；让各国为自己设立社稷的祭坛和祭坛四周的矮墙，并树立田主（即为社稷之神种植树木作为凭依），田主要采用当地田野中所生长的合适的树木，并用这种树木来命名他们的社和田野。

根据不同的土地适宜不同用途的法则,辨别十二个区域及其出产的物品种类,以此来观察民众的居住地,并了解其利弊之处,使民众繁盛,鸟兽繁多,草木茂密生长,来完成土地上的生产事务。辨别十二个区域的物产且了解各区域所适宜的品种,教导民众种植谷物和果木。根据平均土地赋税的法则来辨别五种土地上的生产物品和九个等级的土地,制定天下各国的税收,以振兴民众所从事的各类职业,让民众进贡土地所产谷物,来征收赋税,使得天下的赋税征收公平。用土圭来测量四方的远近,根据日影的长短来寻求天下的中央位置。如果位置偏向南方,那么日影就比较短,气候炎热;如果位置偏向北方,那么日影就比较长,气候寒冷;如果位置偏向东方,(看到太阳较早,当天下的中央是正午的时候)那里就已经是黄昏时分,而且多风。如果位置偏向西方,(看到太阳较晚,当天下的中央是正午的时候)那里才是早上,而且多阴雨。如果那个地方夏至的时候,日影长度是一尺五寸,那么这个地方就是天下的中央,是天地精气所汇集的地方,是四季交替的地方,是风雨交会的地方,是阴阳调和的地方,因而这个地方物产丰富,人民安康,于是就在此建立国都,划分出方圆千里的都城的疆域,并挖沟筑墙,种植树木(作为险阻)。

凡是建立诸侯国,也要用土圭测影的方法来测量其土地并划分疆域。凡是公爵的封地,其疆域方圆五百里,可供征收赋税者占土地的一半;侯爵的封地,其疆域方圆四百里,可供征收赋税的占三分之一;伯爵的封地,方圆三百里,可供征收赋税者占土地的三分之一;子爵的封地,其疆域方圆二百里,可供征收赋税的占四分之一。男爵的封地,其疆域方圆百里,可供征收赋税的占四分之一。凡是建立都鄙(采邑),也需要划定其疆域,挖沟、筑墙、种树作为边界;根据都鄙中的户室数量来制定(井田制的规模)。不需每年休耕的土地,每家下发给一百亩;耕种一年就要休耕一年的土地,每家下发给二百亩;耕种一年就要休耕两年的土地,每家下发给三百亩。于是就分设土地生产的各种职业,确定土地官员的职守,制定土地生产的纳税制度,使得官民上下尽力做好自己的本职工作。以上种种规定作为国家的土地法规,有待于天子下达政令,颁布实施。

释义

地官的长官叫做大司徒,是"教官",主要掌管教育事务,但其实并非如此。《大司徒》说:"大司徒之职,掌建邦之土地之图与其人民之数。"由此可见,其主要职责是掌管土地和人民。其副职叫做小司徒。

大、小司徒的下属官员,分工大致如下:一是掌管各级政教的官,二是掌管征赋税、力役的官,三是掌管山林、川泽、场圃、矿藏等的官,四是指导农业生产的官,五是掌管粮食及仓储的官,六是掌管市政及城门、关隘的官,七是掌管教育的官,八是服务祭祀的官等。由此可见,地官的职务关系到国计民生,地位十分重要。

三、春官宗伯

原文

惟王建国,辨方正位,体国经野,设官分职,以为民极。乃立春官宗伯,使帅其属而掌邦礼,以佐王和邦国。

大宗伯之职，掌建邦之天神、人鬼、地祇之礼，以佐王建保邦国。以吉礼事邦国之鬼神祇，以禋祀①祀昊天上帝，以实柴祀日、月、星、辰，以槱燎祀②司中、司命、风师、雨师，以血祭祭社稷、五祀、五岳，以狸沉③祭山林、川泽，以疈辜④祭四方、百物。以肆献祼享先王，以馈食享先王，以祠春享先王，以禴⑤夏享先王，以尝秋享先王，以烝冬享先王。以凶礼哀邦国之忧，以丧礼哀死亡，以荒礼哀凶札，以吊礼哀祸灾，以禬⑥礼哀围败，以恤礼哀寇乱。以宾礼亲邦国，春见曰朝，夏见曰宗，秋见曰觐，冬见曰遇，时见曰会，殷见曰同，时聘曰问，殷覜⑦曰视。以军礼同邦国，大师之礼，用众也；大均之礼，恤众也；大田之礼，简众也；大役之礼，任众也；大封之礼，合众也。以嘉礼亲万民，以饮食之礼，亲宗族兄弟；以昏冠之礼，亲成男女；以宾射之礼，亲故旧朋友；以飨燕之礼，亲四方之宾客；以脤膰⑧之礼，亲兄弟之国；以贺庆之礼，亲异姓之国。以九仪之命正邦国之位：壹命受职，再命受服，三命受位，四命受器，五命赐则，六命赐官，七命赐国，八命作牧，九命作伯。

——《周礼·春官宗伯第三·大宗伯》

注解：① 禋（yīn）祀：烧柴升烟以祭天。② 槱燎祀：积柴燃烧的祭天。槱（yǒu），堆积。③ 狸沉：把牲体、玉帛等或埋于山，或沉于河以祭。狸，即"埋"。④ 疈（pì）辜：毁折牲体以祭。⑤ 禴（yuè）：夏祭。⑥ 禬（guì）礼：一国战败，同盟国聚财救助之礼。⑦ 殷覜（tiào）：覜，古同"眺"，来看望王。⑧ 脤膰：王祭祀后，将肉分给诸侯之礼。脤（shèn），社稷祭肉。膰（fán），宗庙祭肉。

今译

君王建立国都，要辨清所朝方向，端正所在位置，划分国都和郊野，设立官位，分清职责，作为民众所取法的准则。于是设立春官宗伯，让他统帅部属，掌管天下的礼事，来辅佐君王，调和天下各国。

大宗伯的职责，是掌管建立国家对于天神、人鬼、地神的祭祀之礼，以辅佐君王建立和安定天下各国。用吉礼来祭祀天下各国的人鬼、天神和地神。用禋祀来祭祀昊天上帝，用实柴来祭祀日、月、星、辰，用槱燎来祭祀司中、司命、风师、雨师。用血祭来祭祀社稷、五祀、五岳，用埋沉的方式来祭祀山林、川泽，通过毁折牲体来祭祀四方各路小神。用经解割煮熟的牲肉、牲血和生的牲肉，向地下灌郁鬯来祭祀先王，用黍稷做的饭祭祀先王，用祠祀在春季祭祀先王，用禴祭在夏季祭祀先王，用尝祭在秋季祭祀先王，用烝祭在冬季祭祀先王。用凶礼哀悼天下各国的忧伤，用丧礼哀悼死亡，用荒礼哀悼饥荒和瘟疫，用吊礼哀悼水灾和火灾，用禬礼哀悼战败的国家，用恤礼哀悼遭受侵犯或有内乱的邻国。用宾礼使天下各国相亲相近，春季朝王叫做朝，夏季朝王叫做宗，秋季朝王叫做觐，冬季朝王叫做遇，无定期地会合诸侯叫做会，众诸侯国一同来朝王叫做同，无定期地慰问王叫做问，众诸侯派大臣看望王叫做视。用军礼来协同天下各国，大军出征之礼，是充分利用民众的义勇之情；进行大校比以平均赋税之礼，是忧虑民众缴纳的赋税不均；大田猎之礼，是用于检阅士兵和战车；大兴劳役之礼，是为了利用民众的劳动力；大规模勘定疆界之礼，是为了聚合民众使其更团结。用嘉礼使民众相亲和：用饮酒礼和食礼，使同宗族兄弟间相亲和；用婚礼和冠礼，使男女相亲爱并具有成人的德行；用宾射礼，使故旧和朋友间相亲爱；用飨礼和燕礼，使四方宾客相亲和；用赏赐祭祀社稷和宗庙祭肉之礼，使同姓兄弟之国间相亲和；用庆贺之礼，使异姓之国相亲和。用九等仪命,规正诸侯国的地位。一命可接受职务,再命可接受命服,三命可接受臣子之位,四命可接受祭器,五命可获得君主赐予的一则之地,六命可在采邑中享有自设官吏的权力,七命可被出封为侯伯之国,八命可被任命为州牧,九命可担任方伯。

释义

春官的长官叫做大宗伯,副手叫做小宗伯,这一系统里共有七十个职官。春官是"礼官",即掌管礼教事务。大、小宗伯的职责主要就是掌管礼教事务,包括吉、凶、宾、军、嘉五礼。大小宗伯的下属官员,分工大致如下:一是掌管礼教事务的官,二是掌管乐事的官,三是掌管卜筮的官,四是掌管祝巫的官,五是掌管历史和星历的官,六是掌管车旗的官,另外有天府一职,主要职责是掌管宗庙宝器以及吏治文书的收藏。

四、夏官司马

原文

惟王建国,辨方正位,体国经野,设官分职,以为民极。乃立夏官司马,使帅其属而掌邦政,以佐王平邦国。

大司马之职,掌建邦国之九法,以佐王平邦国。制畿封国,以正邦国;设仪辨位,以等邦国;进贤兴功,以作邦国;建牧立监,以维邦国;制军诘禁①,以纠邦国;施贡分职,以任邦国;简稽②乡民,以用邦国;均守平则,以安

邦国;比小事大,以和邦国。以九伐之法正邦国,冯弱犯
寡则眚^③之,贼贤害民则伐之,暴内陵外则坛^④之。野荒
民散则削之,负固不服则侵之,贼杀其亲则正之,放弑其
君则残之,犯令陵政则杜之。外内乱,鸟兽行,则灭之。

——《周礼·夏官司马第四·大司马》

注解:① 诘禁:诘,治理,惩治。禁,违禁者。② 简稽:
核实人数。③ 眚(shēng):人消瘦,引申为削弱。④ 坛:通
"埙"(yún),设置空地,幽禁人。

今译

　　君王建立国都,要辨清所朝方向,端正所在位置,划分国都
和郊野,设立官位,分清职责,作为民众所取法的准则。于是设
立夏官司马,让他统帅部属,掌管天下的政务,来辅佐君王,平定
天下各国。

　　大司马的职责是负责建立诸侯国的九项法则,以辅佐王来
平衡诸侯国的政治。制定诸侯国的封域,划定它们的疆界;为诸
侯国设立仪礼法制、辨别尊卑,以明确诸侯国之间的等级区分;
进用和荐举贤能有功的人,以激发诸侯国的臣民积极进取;设立
州牧和监督者,以维系各邦国间臣民的联系;建立军队惩治违法
者,以纠正邦国的失误;将应缴的贡赋分配于各诸侯国,以确定
其合理负担;核实诸侯国的乡民数,以便任用诸侯国的民力;建
立合理的守卫土地之法,以安定诸侯国。最终,大国亲小国,小
国贡赋大国,各诸侯国和睦相处。用九伐法规正诸侯国。以强
凌弱、以大侵小的诸侯国就削弱它;有杀害贤良民众的行为,就
讨伐它;有对内暴虐、对外欺凌邻国的人,就幽禁他;诸侯国内有
土地荒芜、人民离散的情况,就削减其封地;有利用险固地形不

服从的,就派兵进入他的国境进行干扰;无正当理由杀害亲族的,就治罪;放逐、弑杀他的国君的,就杀死他;违反王的命令、轻视国家法制的,就阻塞他同邻国的交通;有悖乱人伦,行为如同禽兽的,就诛灭他。

释义

夏官的长官叫做大司马,副手叫做小司马。夏官是"政官",即掌管并处理军政事务。大司马掌管九伐之法,征收军赋,教民习战,救无辜而伐有罪,以及王亲征时掌其戒令等,都属于军政事务。

大、小司马的下属官员,分工如下:一是掌管军事或与军事有关的事务,二是掌管天下的邦国,三是掌管养马及马政事务,四是为君王掌管车辆事务。另外还有一部分职务则与军政无关,也由此可见夏官们的职务在六官中可谓错综复杂。

《夏官》还详细记载了军事建置、天下九州的划分,以及各州的山川、泽薮、人民和物产。

五、秋 官 司 寇

原文

惟王建国,辨方正位,体国经野,设官分职,以为民极。乃立秋官司寇,使帅其属而掌邦禁,以佐王刑邦国。

大司寇之职,掌建邦之三典,以佐王刑邦国,诘四方。一曰,刑新国用轻典;二曰,刑平国用中典;三曰,刑乱国用重典。以五刑纠万民:一曰野刑,上功纠力;二曰军刑,上命纠守;三曰乡刑,上德纠孝;四曰官刑,上能纠职;五曰国刑,上愿纠暴。以圜土聚教罢民。凡害人者,寘之圜土而施职事焉,以明刑耻之。其能改过,反于中国,不齿三年。其不能改而出圜土者杀。以两造禁民讼,入束矢于朝,然后听之,以两剂禁民狱,入钧金。三日,乃致于朝,然后听之。以嘉石①平罢民,凡万民之有罪过而未丽于法,而害于州里者,桎梏而坐诸嘉石,役诸司空。重罪,旬有三日坐,期役;其次,九日坐,九月役;其次,七日坐,七月役;其次,五日坐,五月役;其下罪,三日坐,三月役,使州里任之,则宥而舍之。以肺石②达穷民,凡远近惸③独、老幼之欲有复于上,而其长弗达者,立于肺石三日,士听其辞,以告于上,而罪其长。

——《周礼·秋官司寇第五·大司寇》

注解:① 嘉石:放置在外朝门左边的一块有纹理的巨石。② 肺石:放置在外朝门右边的一块赤色巨石。③ 惸(qióng):同"茕"。指无兄弟,引申为孤独无依靠。

今译

君王建立国都,要辨清所朝方向,端正所在位置,划分国都和郊野,设立官位,分清职责,作为民众所取法的准则。于是设立地官司徒,让他统帅部属,掌管天下的禁令,来辅佐君王,用刑法治理诸侯各国。

大司寇的职责是掌管王国的三大法典,以辅佐君王用刑法治理诸侯各国,禁止四方各国作乱:一是对于刚建立的新国家,采用较轻的法典;二是对于承平守成的国家,采用轻重适中的法典;三是对于发生动乱的国家,采用较重的法典。用五种刑法来纠察民众:一是适用于野地之民的刑法,倡导辛苦劳作;二是适用于军队的刑法,倡导服从命令,遵守军纪;三是适用于六乡之民的刑法,倡导德行,惩治不孝之人;四是适用于官府的刑法,倡导贤能,纠察失职之人;五是针对国都民众的刑法,倡导诚实、谨慎,惩治凶恶、暴乱。用监狱聚集、教导那些不良百姓。凡是那些伤害他人者,都被关入监狱,进行劳作,将其罪行公开,使他们感到耻辱。那些能够改正罪过的人,可以获得释放并回归家乡,但三年内没有资格按照年龄大小与同辈的人排列位次。如果不改正罪过且逃出监狱,就会被诛杀。诉讼双方都要到场,以此避免小案件诉讼中诬陷和不实之词的产生,先要上交一束箭给官府,然后再进行审理。诉讼双方都要上交诉状和相关证明材料,以此防止大案诉讼中诬陷和不实之词的产生,并上交三十斤铜,慎重考虑三天之后,才共上朝堂,进行审理。用嘉石来教导那些不良的百姓。凡是百姓中有罪过,但是还没有触犯法律,又危害乡里的,就让他们带上脚镣和手铐,在嘉石前跪坐一定的天数,然后转交给司空,进行劳役。犯重罪的,在嘉石前罚跪十二天,服一年的劳役;稍微轻一些的罪过,在嘉石前罚跪九天,服九个月的劳役;再轻一些的罪过,在嘉石前罚跪七天,服七个月的劳役;再轻一些的罪过,在嘉石前罚跪五天,服五个月的劳役;再轻一些的罪过,在嘉石前罚跪三天,服三个月的劳役,让州里的人进行担保,才能赦免他,释放他。用肺石来使得穷苦百姓的下情得以上达,远的近的、孤独无依、年老弱幼的人想要向上级申冤而官长不予传达的,就处罚他站立在肺石旁边三天,朝士就会来听取他们所反映的情况,而处罚其官长。

释义

秋官的长官叫大司寇,他的副职叫小司寇,这一系统里总共有六十六个官职。在古代,刑罚总是与秋季相连,因此,秋官是"刑官",主要掌管刑罚。大司寇主要就是从事刑罚的工作,包括"三典",用来惩治违法诸侯;"五刑"主要用来惩治违法之民,定期宣布刑法,监督刑罚军士等。小司寇协助大司寇工作,其主要职责也是掌刑法。

大、小司寇的下属官员,大致分工如下:一是掌管刑法、诉讼的官,二是掌管禁令的官,三是掌管平民官司的官,四是掌管盟约的官,五是掌管接待及外事交往的官,六是掌管辟除的官。

六、冬官考工记

原文

国有六职,百工与居一焉。或坐而论道,或作而行之,或审曲、面埶①,以饬五材,以辨民器,或通四方之珍异以资之,或饬②力以长地财,或治丝麻以成之。坐而论道,谓之王公;作而行之,谓之士大夫;审曲面埶,以饬五材,以辨民器,谓之百工;通四方之珍异以资之,谓之商旅;饬力以长地财,谓之农夫;治丝麻以成之,谓之妇功。粤无镈③,燕无函④,秦无庐⑤,胡无弓、车。粤之无镈也,非无镈也,夫人而能为镈也;燕之无函也,非无函也,夫人而能为函也；秦之无庐也，非无庐也，夫人而能为庐也；胡之无弓、车也，非无弓、车也，夫人而能为弓、车也。知者创物，巧者述之守之，世谓之工。百工之事，皆圣人之作也。烁金以为刃，凝土以为器，作车以行陆，作舟以行水，此皆圣人之所作也。天有时，地有气，材有美，工有巧，合此四者，然后可以为良。材美工巧，然而不良，则不时，不得地气也。橘逾淮而北为枳，鸲鹆⑥不逾济，貉逾汶则死⑦，此地气然也；郑之刀，宋之斤，鲁之削，吴、粤之剑，迁乎其地而弗能为良，地气然也。燕之角，荆之干，妢胡之笴⑧，吴、粤之金、锡，此材之美者也。天有时以生，有时以杀；草木有时以生，有时以死，石有时以泐⑨，水有时以凝，有时以泽，此天时也。

——《周礼·冬官考工记第六·总叙》

注解：①审曲、面势：审曲，仔细察看文理、曲直。面势，看其方圆。②饬(chì)：辛勤。③粤无镈：粤，即"越"。镈，农具，锄。④函：铠甲。⑤庐：通"籚"，指矛、戟等长兵器。⑥鸲(qú)鹆(xì)：八哥鸟。⑦貉逾汶则死：貉，即"貊"(hé)。汶(wèn)，汶水，在今山东境内。⑧妢(fén)胡之笴：妢胡，古国名。笴(gě)，箭杆。⑨泐(lè)：石依纹路而分裂。

今译

一个国家有六个种类的职业，而百工就位居其中之一。有的人安坐着谈论治国之道；有的人就起来贯彻执行；有的人审度材料，根据具体情况对金、木、皮、玉、土五种原材料进行加工，为民众置办各种器具；有的人流通四方珍异的物品从中赢利；有的人勤劳耕作从土地上获取财富;有的人纺织丝麻制成布帛、衣服。安坐着谈论治国之道的人,称之为王公大人;贯彻执行治国之道的人,称之为士大夫;审度具体情况,对五种材料进行加工,为民众置办器具的人,称之为百工;流通四方珍异的物品从中赢利的人,称之为商人;勤劳耕作从土地上获取财富的人,称之为农民;纺织丝麻制成布帛、衣服的人,称之为妇功。越地没有专门制造锄头的工匠,燕地没有专门制造铠甲的工匠,秦地没有专门制造矛、戟等长柄武器的工匠,匈奴没有专门制造弓箭、车辆的工匠。越地没有专门制造锄头的工匠,并不是说那里没有人能够制造锄头,而是说那里人人都能够制造锄头。燕地没有专门制造铠甲的工匠,并不是说那里没有人能够制造铠甲,而是说那里人人都能够制造铠甲。秦地没有专门制造矛、戟等长柄武器的工匠,并不是那里没有人能够制造,而是说那里人人都会制造矛、戟等长柄武器。匈奴没有专门制造弓箭、车辆的工匠,并不是那里没有人能够制造,而是说那里人人都会制造弓箭、车辆。聪明的人制造器物,心灵手巧的人遵照其方法,世代传守,世人称之为工匠。百工所从事的工作,都是圣人所创造的。融化金属制成利刃,凝结泥土制成陶器,制作车辆在地上行走,制造舟船在水中航行,这些都是圣人所创造的。上天有四季,大地有精气,材质优良,工艺精巧,这四个方面都结合起来才能制作出优良的器物。材质优良,工艺精巧,但制作出的器物却不精良,这是因为不合乎天时和地气的缘故。橘树移植到淮河以北就会变成味苦的枳,八哥鸟从来不飞过济水以北,貉越过汶水就会死掉。这些都是地气影响(水土不同)所造成的。郑地铸造的刀,宋地铸造的斧,鲁地铸造的削刀,吴、越之地铸造的剑,如果迁离当地制作,就不再精良,这也是地气影响(水土不同)所造成的。燕地的牛角,荆地的柘木,妢胡的箭杆,吴、越的金、锡,这些都是质地优良的原材料。上天有时可以使万物生长,有时可以使万物凋零。草木有时生长,有时枯萎,石头有时崩裂,水有时凝固有时消融,这些都是天时所造成的。

释义

《周礼》缺失了《冬官》,后人就增补了《考工记》凑足了六篇,但是仍然命名为"冬官"。按照作者的设想,冬应当是事官,主要来掌管"事典"。他们的职责是"富邦国""养万民""生百物",也就是使得国家富强,让百姓得以休养,制作出各种事物、用具等。据江永考证,按照作者的设想,冬官的长官叫做大司空,他的副职叫做小司空。

《周礼·冬官考工记第六》对战国时期手工业发展水平进行了总结性记录。它的起首部分是全篇的总叙,论百工分工的部分则是《考工记》全篇大纲。其分工大致如下:第一类是木工,共有七个工种;第二类是金属工匠,共有六个工种;第三类是皮匠工,共有五个工种;第四类是负责染色的工匠,共有五个工种;第五类是负责刮磨的工匠,共有五个工种;第六类是用黏土制作器物的工匠,共有两种。以上六个大类,总共为三十个工种。

《周礼·冬官考工记第六》所记载的一些制作工艺十分详细,包括有比较具体的尺度和要领,更重要的是还总结出了一些带有规律性的方法,这是它的一大特点。从《考工记》的内容来看,记录车工和弓箭制作业的情况非常详细。这些记录反映了当时的手工制作业已达到相当高的水平,具有极其珍贵的史料价值。

再版后记

　　《中华根文化·中学生读本》(15种)2012年由复旦大学出版社首版,2014年作为复旦附中教学成果"阅读中国人　书写中国人"的教材组成部分,荣获国家级教学成果一等奖。此次上海教育出版社再版,基本保持原版模样,所做的工作主要是汇聚读者意见,对原版内容做适度删节。删节时主要考虑两点:更加突出"根文化"概念;使单元主题更集中。

　　我们在2010年策划出版这套图书时就认为,"中华根文化"是21世纪中华儿女走向世界,参与全球化进程的一种重要力量。今天我们更认为,"中华根文化"蕴含着中华民族的情感力、思想力、想象力、创造力、批判力等不竭的生命力。尤其是那种挺立天地之间,居仁行义的天下意识、宇宙意识与人类情怀,深度契合着困难重重的21世纪的人类社会的内在需要,已显现出了一种崭新的人类文化的光辉特质。因此,我们愿意继续为"中华根文化"的现代传译尽自己的微薄之力,让更多的读者,尤其是中学生读者,更好地认识、理解中华民族根文化的根性特征——不仅是民族文化之根,也是世界文化之根——而拥有自我生命的大觉醒、大参悟，成为真正"具有中国心的现代文明人"（于漪老师语）。

再版时，我们力所能及地对原版的错误做了修订，但限于能力，一定还有许多不当之处，敬请读者批评指正。

黄荣华

2017 年 3 月 13 日